2019年改訂

新 小学校児童指導要録

記入文例集

監修／梶田　叡一
編著／古川　治・南山　晃生
教育評価研究会
企画・編集／ぶんけい教育研究所

文溪堂

巻頭言

学びと育ちの何に着目するか

桃山学院教育大学 学長　梶田叡一

指導要録や通知表は，何よりもまず，学校での教育評価の集大成といった性格をもっています。学校での教育の成果として何が実現したのか，何が実現しつつあると想定されるのかをとりまとめ，次のステップに向けて，残された課題，新たに浮かび上がってきた課題をはっきりさせていく，という使命をもっているのです。したがって，それらの記入にあたっては常に，今問題にしているこの子は本来どのように学び育ってほしいのか，という教育目標を念頭に置かなくてはなりません。教育の成果として元々願ってきたところと照らし合わせた時に初めて，目の前のこの子供の姿をどう見ていけばいいのか，次のステップへの課題として何を考えていけばいいのか，がはっきりしてくるからです。

こうした教育目標として，何よりもまず念頭に置かねばならないのが，学習指導要領に掲げられている3項目の大目標です。新しい学習指導要領では，最終的に実現すべき教育成果として，「知識・技能」の習得，「思考力・判断力・表現力等」の育成，「学びに向かう力・人間性等」の涵養が挙げられていますが，このそれぞれに照らし合わせて子供の姿を見ていかねばなりません。

これら3項目の大目標は，基本的には，学校教育法の第30条にも規定されている「学力の3要素」を踏まえたものです。しかしながら，新しい学習指導要領では，最後の第3項目に「人間性等の涵養」が付加されていることを見落とすことはできません。この点は教育基本法の第1条に，「教育は，人格の完成を目指し……」とうたわれているところに呼応するものとして受け止めるべきでしょう。教育に関係する者全てがあらためて胸に手を当てて考えてみるべき大きな課題性をはらんでいる目標ではないでしょうか。

指導要録や通知表で「所見」欄への記入に際しては，「学力の3要素」と同時に，「人間性等の涵養」として想定されるところとを，常に念頭に置いて子供の現実の姿を見ていかなくてはなりません。一人一人の子供について何か気付いたところを記入する，といった単純なものではないことを忘れてはならないでしょう。また「評定」にしても「観点別学習状況の評価」にしても，その評価の土台に「人間性等の涵養」までを含む目標意識をもってあたっていただきたい，と切に願うところです。

はじめに

指導要録は児童の学籍及び学習や行動の状況を記録する学校教育法施行規則第24条，第28条により定められた公的表簿です。ここで指導要録は，「在学する児童の指導要録を作成し」，「児童が進学した場合，指導要録の抄本又は写しを進学先の校長に送付し」，「転学した場合，指導要録の抄本又は写しを転学先の校長に送付しなければならない」と規定されています。

さて，このように規定されている指導要録の役割は，新しい学習指導要領が告示され，教育目標という入口が示された際，それが達成されたかを出口から見取ることです。

今回の学習指導要領は2017（平成29）年に改訂され，2030年の社会に対応できる子供を育てることを目的に告示されました。学習指導要領では，育成すべき資質・能力の3つの柱を「知識及び技能」，「思考力，判断力，表現力等」，「学びに向かう力，人間性等」とし，指導要録もこの資質・能力の達成状況を見取る観点として「知識・技能」，「思考・判断・表現」，「主体的に学習に取り組む態度」の3観点に整理されました。

また，今回の指導要録では「学校における働き方改革」でいわれている教員の業務負担の軽減の観点から，指導要録については「指導要録の『指導に関する記録』に記載する事項の全てを満たす通知表を学校が定める場合には，指導要録と通知表の様式を共通のものとすることができる」と通知しました。また，「指導に関する記録」を大幅に簡素化し，文章記述欄は要点を箇条書きとするなど必要最小限に留めました。時代状況としては適切な対応であると思われます。

そもそも，通知表は指導要録のように作成の法的義務はありません。しかし，通知表は，学校と各家庭をつなぐ準公的表簿として，子供の生活の様子や学習の進歩，身体の発達状況を各学期末に保護者の信託に応じるために（説明責任），各家庭に通知し，学校と家庭の相互を結ぶ重要なコミュニケーションツールとして多くの学校が自主的に発行しているものです。したがって，たとえ簡素化しても学校や教師の愛情がこもった通知表づくりは続けなければなりません。本書はそのような願いにより作成されています。我々の趣旨を理解いただき，活用していただければ幸いです。

編著者代表 桃山学院教育大学客員教授　古川　治

目次

高学年　第5・6学年

新しい小学校児童指導要録における文書記入について

▶ 1. 指導要録の果たす役割

(1) 指導要録は，児童の学籍並びに指導の過程及び結果の要約の記録であり，学校において必ず作成するものとされている。
①その後の指導に役立たせるもの
②外部に対する証明等の際の原簿となるもの

(2) 指導要録における評価方法や評価の観点等は，日頃の学習指導と評価において基盤となる考え方や方法を示すものとなっている。

▶ 2. 新しい学習指導要領における「学習評価」の考え方と改善点

(1)「学習評価」は「学習指導」とともに学校の教育活動の根幹であり，教育課程に基づいて組織的・計画的に教育活動の質の向上をはかる「カリキュラム・マネジメント」の中核的な役割を果たす。

(2)「学習評価」は，「主体的・対話的で深い学び」の視点から授業改善を通して各教科等における資質・能力を確実に育成する上で重要な役割を担っている。

(3)「学習評価」の在り方
①児童の学習改善につながるものにしていくこと
②教師の指導改善につながるものにしていくこと
③これまで慣行として行われてきたことでも，必要性・妥当性が認められないものは見直していくこと

(4) 各教科の評価については，学習状況を分析的に捉える「観点別学習状況の評価」と，これらを総括的に捉える「評定」の両方について，目標に準拠した評価として実施する。

(5) 観点別学習状況の評価や評定には示しきれない一人ひとりの良い点や可能性，進歩の状況については「個人内評価」として実施する。

(6) 観点別学習状況の観点については，小・中・高等学校の各教科を通じて「知識・技能」「思考・判断・表現」「主体的に学習に取り組む態度」の3観点に整理され、各教科等の特性に応じて示された観点に沿って評価する。

(7) ペーパーテストのみならず，多様な評価活動を取り入れ，多面的・多角的な評価を行っていく。

▶ 3. 指導に関する記録の記入上の留意事項

1) 各教科の学習の記録（「観点別学習状況」及び「評定」）

・小学校学習指導要領に示す各教科の目標に照らして，その実現状況を観点ごとに評価し記入する。その際，「十分満足できる」状況と判断されるものをA，「おおむね満足できる」状況と判断されるものをB，「努力を要する」状況と判断されるものをCのように区別して評価を記入する。

・小学校における評定については，第３学年以上の各学年の各教科の学習の状況について，小学校学習指導要領等に示す各教科の目標に照らして，その実現状況を総括的に評価し記入する。
・各教科の評定は，小学校学習指導要領等に示す各教科の目標に照らして，その実現状況を「十分満足できる」状況と判断されるものを3，「おおむね満足できる」状況と判断されるものを2，「努力を要する」状況と判断されるものを1のように区別して評価を記入する。

2）特別の教科　道徳

・学習活動における児童の学習状況や道徳性に係る成長の様子について，特に顕著と認められる具体的な状況等について個人内評価として文章で端的に記述する。

3）外国語活動の記録

・評価の観点を記入した上で，それらの観点に照らして，児童の学習状況に顕著な事項がある場合にその特徴を記入する等，児童にどのような力が身に付いたかを文章で端的に記述する。

4）総合的な学習の時間の記録

・総合的な学習の時間に行った学習活動及び各学校が自ら定めた評価の観点を記入した上で，それらの観点のうち，児童の学習状況に顕著な事項がある場合などにその特徴を記入する等，児童にどのような力が身に付いたかを文章で端的に記述する。

5）特別活動の記録

・各学校が自ら定めた特別活動全体に係る評価の観点を記入した上で，各活動・学校行事ごとに，評価の観点に照らして十分満足できる活動の状況にあると判断される場合に，○印を記入する。

6）行動の記録

・各学校における評価に当たっては，各項目の趣旨に照らして十分満足できる状況にあると判断される場合に，○印を記入する。
・各学校において，自らの教育目標に沿って項目を追加できる。

7）総合所見及び指導上参考となる諸事項

・児童の成長の状況を総合的に捉えるため，以下の事項等を文章で箇条書き等により端的に記述する。
　①各教科や外国語活動，総合的な学習の時間の学習に関する所見
　②特別活動に関する事実及び所見
　③行動に関する所見
　④児童の特徴・特技，学校内外におけるボランティア活動など社会奉仕体験活動，表彰を受けた行為や活動，学力について標準化された検査の結果等指導上参考となる諸事項
　⑤児童の成長の状況にかかわる総合的な所見
・記入に際しては，児童の優れている点や長所，進歩の状況などを取り上げることに留意する。ただし，児童の努力を要する点などについても，その後の指導において特に配慮を要するものがあれば端的に記入する。

総合所見及び指導上参考となる諸事項

低学年

各教科の学習に関する所見

〔凡例〕■児童の優れている点や長所，進歩の状況を表す文例
■努力を要する点に対して，今後の学習や行動を方向付ける文例

国語　第1・2学年

趣旨　知識・技能

▶ **日常生活に必要な国語の知識や技能を身に付けているとともに，我が国の言語文化に親しんだり理解したりしている。**

■言葉には事物の内容を表す働きがあり，見たこと，聞いたこと，経験したことなどを伝えることができると気付いて，実際に使うことができた。

■感じたり考えたりしたことを，姿勢や口形，声の大きさや速さなどに注意して，はっきりとした発音・発声で話すことができた。

■学習した漢字を正しく読んだり，多くの漢字を正確に書いたりすることができ，文や文章の中でも使うことができた。

■身近なことを表す語句について話や文章の中で使用しながら増やし，言葉の働きに気を付けて語彙を豊かにすることができた。

■物語や詩，説明的な文章を，語のまとまりや言葉の響きなどに気を付けて音読することができた。

■物事や意見には，共通するものと違いがあるものとがあることに気付き，伝えるためには，順序を考えなければいけないことを理解することができた。

■昔話や神話・伝承などの読み聞かせを聞くなどして，我が国の伝統的な言語文化に親しむことができた。

■姿勢や筆記用具の持ち方を理解し，点画や文字の形，筆順などに注意して文字を正しく書くことができた。

■長音，拗音，促音，撥音などの表記や助詞の「は」「へ」「を」の使い方，句読点の使い方は理解できてきたが，実際に文や文章に使うことには課題が残っている。

■主語と述語の関係に気を付けて文章を書くことはできるようになったが，丁寧な言葉遣いや敬体で書くことができていないので，書けるようになるとよい。

趣旨　思考・判断・表現

▶ **「話すこと・聞くこと」，「書くこと」，「読むこと」の各領域において，順序立てて考える力や感じたり想像したりする力を養い，日常生活における人との関わりの中で伝え合う力を高め，自分の思いや考えをもっている。**

■見つけたことや経験したことなどから話題を決め，順序をはっきりさせて相手に分かるように話すことができた。

■大事なことを落とさないように聞き取ろうとしたり，話を聞いて分からないことなどを進んで質問したりすることができた。

■自分の思いや考えを積極的に話し，相手の話も集中して聞き，お互いに尋ね合うなど，少人数での話合いができた。

■見たり，聞いたりしたこと，想像したことなどから題材を見つけ，書くために必要な言葉を集めて，文章を書くことができた。

■「はじめに」「次に」などの言葉を使ったり，会話文を取り入れたりするなど，表現を工夫して文章を書くことができた。

■文章に書かれていることと自分の経験を結び付けて読み，感想をもつことができた。その感想を人に伝えてお互いに共有できた。

■挿絵や写真から想像を広げることに加え，時間的な順序や事柄の順序を考えながら叙述に即して内容の大体を読むことができた。

■授業や読み聞かせなどを通して物語に興味をもち，図書館で本を選ぶなど，進んで読書をする姿勢が見られた。

■一生懸命自分の思いや考えを人に伝える姿勢は見られるようになったが，途中でつまったり，声が小さかったりしたので，相手に伝えるための工夫ができるとよい。

■ 言葉を増やし，ひとまとまりの文章を書くことができるようになってきたが，文の書き出しと終わりが違っていることがあったので，主述を揃えて書けるとよい。

趣旨 **主体的に学習に取り組む態度**

▶ **言葉を通じて積極的に人と関わったり，思いや考えをもったりしながら，言葉がもつよさを感じようとしているとともに，楽しんで読書をし，言葉をよりよく使おうとしている。**

■ 読み聞かせを楽しみにし，目を輝かせながら聞き，読みたい本を選んで読むなど，楽しんで読書をしようとしていた。

■ 見たことや聞いたことを，相手に分かってもらうために一生懸命に話そうとする態度が見られた。自分の経験と結び付けて，自分の思いや考えを発表しようとしていた。

■ 落ち着いて人の話を聞こうとする姿勢が身に付き，相手の話の内容の大体を聞き取り，分からないことを質問しようとしていた。

■ あいさつや記録，手紙を書くことなどの活動に進んで取り組み，主述に気を付けて書こうとしていた。

■ 文章の内容と自分の経験とを結び付けて読んだり，叙述から想像を広げて読んだりしていた。

■ 自分の思いや考えはしっかりともてているものの，恥ずかしさからか進んで発言することが少ないので，自分を高めるために発言できるようになるとよい。

■ 進んで文や文章を書こうとする姿勢は見られるが，「は」「へ」「を」など助詞の表記が間違っているときがある。書いたものを一度読み返してみるとよい。

算数　第1学年

趣旨 **知識・技能**

▶ **数の概念とその表し方及び計算の意味を理解し，量，図形及び数量の関係についての理解の基礎となる経験を積み重ね，数量や図形についての感覚を豊かにしている。**

▶ **加法及び減法の計算をしたり，形を構成したり，身の回りにある量の大きさを比べたり，簡単な絵や図などに表したりすることなどについての技能を身に付けている。**

■ 一つの数をほかの数の和や差としてみるなど，数の構成についての豊かな感覚をもつことができた。

■ 合併や増加，求残や求差だけでなく，順序数や異種の量などの場面についても，加法や減法の式に表して解決してよいことを理解し，正しく計算することができた。

■ 身の回りにあるものの大きさを，長さ，広さ，かさなどの量を単位として，その幾つ分あるか数値化して比べることができた。

■ 前後，左右，上下などの言葉の意味について理解し，ものの位置を言い表すことができた。

■ ものの個数を絵や図などを用いて整理して表したり，読み取ったりすることができた。

■ 加法や減法の式について，どんなときにその式を使うのかを考えて問題をつくったり，順序を表す数でも学習した式が使えることを理解したりすることができた。

■ たしたりひいたりする数が3つある加法と減法が，どんな場面を表しているのかを理解するのが苦手なようだ。問題を読んで絵や図をかくことで場面を把握し，式に表すようにするとよい。

趣旨 **思考・判断・表現**

▶ **ものの数に着目し，具体物や図などを用いて数の数え方や計算の仕方を考える力，ものの形に着目して特徴を捉えたり，具体的な操作を通して形の構成について考えたりする力，身の回りにあるものの特徴を量に着目して捉え，量の大きさの比べ方を考える力，データの個数に着目して身の回りの事象の特徴を捉える力などを身に付けている。**

■ 長さ，広さ，かさについて，媒介物を用いて間接的に比べたり，身の回りにあるものの大きさを単位としてその幾つ分かで数値化して測定したりするなどして表現することができた。

■ 身の回りにあるものの形を比較して，ものの色，大きさ，位置や材質に関係なく，形を認め，形の特徴から弁別し表に表すことができた。

■ おはじきやブロック，図などを用いて，繰り上がりや繰り下がりのある加法や減法の計算の仕方を説明することができた。
■ 加法および減法が用いられる場面を，具体物や図などを用いて考え，式に表すことができた。
■ 簡単な場合について，2位数などの加法及び減法の計算の仕方を，既習内容を生かして表現することができた。
■ 身近にある立体図形について，観察や形作りの活動を通して，形の様々な特徴を正確に捉えたり，形に目を向け，箱の形，筒の形，ボールの形に仲間分けをしたりすることができた。
■ 学習したことを適用して，問題を解くことはできていたが，少し応用力が必要な問題は苦手なようだ。うまく学習したことを活用できるようになるとよい。

趣旨 **主体的に学習に取り組む態度**

▶ **数量や図形に親しみ，算数で学んだことのよさや楽しさを感じながら学ぼうとしている。**

■ 具体物の個数を数えるのに数を用いるよさに気付き，身の回りのものを数えることの楽しさを感じることができた。
■ 具体的な場面で，ものの個数を正しく数えたり順序や位置を表したりするのに，数を用いるよさを感じ学んでいた。
■ 身の回りのものの中から形を捉えたり，身近なものの大きさを比べたりするなど，算数を生活に生かしていた。
■ 加法及び減法を用いて身の回りの問題を解決するなど，学習したことを積極的に生活に生かしていた。
■ 数量の関係を考えるときには，図に表すとよいことに気付き，進んで図を用いて場面を表していた。
■ 苦手だった繰り下がりのある減法の計算も諦めることなく最後までやり抜き，今では算数で苦手なところはないと言えるほどになった。
■ 課題への取り組みは素早く，誰よりも早く提出することができるが，指示や話の聞きこぼしがあり，間違ったやり方になってしまうことがあった。最後まで話を聞くようにするとよい。

算数　第2学年

趣旨 **知識・技能**

▶ **数の概念についての理解を深め，計算の意味と性質，基本的な図形の概念，量の概念，簡単な表とグラフなどについて理解し，数量や図形についての感覚を豊かにしている。**
▶ **加法，減法及び乗法の計算をしたり，図形を構成したり，長さやかさなどを測定したり，表やグラフに表したりすることなどについての技能を身に付けている。**

■ 4位数までについて，十進位取り記数法による数の表し方及び数の大小や順序について理解し，書いたり読んだりすることができた。
■ 2位数の加法及びその逆の減法の計算が1位数などについての基本的な計算を基にしてできることを理解し，計算することができた。
■ 長さの単位(mm，cm，m)と測定の意味について理解し，身の回りの具体物の長さを測定することができた。
■ 箱の構成要素を理解し，正方形や長方形を組み合わせたり，ひごなどを用いたりして，箱の形を構成することができた。
■ 乗法が用いられる場面を式に表したり，式を読み取ったりすることができ，数量の関係について理解できるようになった。
■ 乗法九九を全て確実に唱えることができた。どの九九でも，また，逆からでもすらすらと唱えることができた。そのため，日常生活では乗法を使える場面にすぐに気付き，九九を活用することができた。
■ 長さを測るにはmを単位にすればよいことが分かり，1mの物差しを使って測ることができた。何m何cmのような目盛りの読み方が難しかったようなので，黒板の横の長さなど身の回りにあるものをたくさん測り，練習するとよい。

趣旨 **思考・判断・表現**

▶ **数とその表現や数量の関係に着目し，必要に応じて具体物や図などを用いて数の表し方や計算の仕方などを考察する力，平面図形の特徴を図形を構成する要素に着目して捉えたり，身の回りの事象を図形の性質から考察したりする力，身の回りにあるものの特徴を量に着目して捉え，量の単位を用いて的確に表現する力，身の回りの事象をデータの特徴に着目して捉え，簡潔に表現したり考察したりする力などを身に付けている。**

■ 十進位取り記数法の仕組みによる数の表し方を考え，ものの個数を実際に数え，図に表すことができた。
■ 数直線の目盛りの大きさを，数の相対的な大きさを基に説明することができた。
■ 四角形（正方形や長方形など）について，違いに気付いて分類し，分類した四角形の特徴を表に表していた。
■ 乗法が用いられる場面を具体物や図などを用いて考え，式に表すことができた。
■ 問題場面を表す式について，テープ図や□を用いた式に表し，数量の関係表現が逆になっていることを式の数値や記号と場面を関連付けて説明することができた。
■ 乗法の意味が分かり，乗法の式を使う問題を幾つも考え出すことができた。さらに，問題にふさわしい乗法の式を立て，その意味を○や絵をかいて説明することができた。
■ 簡単な数のグラフをかくことはできたが，そのグラフを見て特徴をつかむことには，まだ慣れていないようだ。生活の中にある表やグラフを見て，何についてかかれているのか考えるとよい。

趣旨 **主体的に学習に取り組む態度**

▶ **数量や図形に進んで関わり，数学的に表現・処理したことを振り返り，数理的な処理のよさに気付き生活や学習に活用しようとしている。**

■ 身の回りのものの個数の数え方を学習したことを生かして，10や100のまとまりにして数え，数えたものを数字を使って表現できた。
■ 測定するものの大きさや目的に応じて，学習内容を適切に活用して，身の回りのもののかさを測定するなどの活動に進んで取り組んでいた。
■ 表やグラフに表すと，数量の大きさを明確にできたり，それらを比較したりしやすくなるというよさに気付き，進んで活用していた。
■ 身の回りにあるものの長さに関心をもち，量感を基に見当をつけてから測定することができた。
■ 正方形，長方形，直角三角形で平面を敷き詰める活動を楽しみ，できる模様の美しさや平面の広がりに気付くことができた。
■ 身の回りの数を分けたり整理したりして，簡単な表やグラフに表すことに関心をもち，進んで活動していた。
■ 減法の答えにひいた数をたすと元の数になることを生かすことで，答えを確かめ間違いをなくすコツを身に付けることができた。
■ 表やグラフに表す学習に意欲をもって取り組んだが，グラフの読み方を間違えることがあったので，他にもいろいろなグラフを読んで，読み方を身に付けるとよい。

生 活　第1・2学年

趣旨 **知識・技能**

▶ **活動や体験の過程において，自分自身，身近な人々，社会及び自然の特徴やよさ，それらの関わり等に気付いているとともに，生活上必要な習慣や技能を身に付けている。**

■ 学校探検で，図書館の司書，校務員，給食室の調理員など，先生のほかにもたくさんの人たちが自分たちの学校生活を支えていることに気付くことができた。
■ 町探検で，ケーキ屋さんの工夫や苦労についてインタビューしたことを，写真を使ってグループで協力してまとめ，発表することができた。
■ 公民館の見学で，お年寄りや小さい子どもを連れた人など様々な人が利用しやすいように，施設や設備が工夫されていることに気付くことができた。
■ 近くの公園で集めたドングリや松ぼっくりなどを使って，おもちゃや飾りをつくり，友達と楽しく遊ぶことができた。

■ 育てたアサガオの花を使って色水づくりを楽しむなど，回りの自然を使って遊びを工夫することができた。
■ 植えたアサガオの生長を楽しみに毎日水やりをして，生長していくアサガオの様子を「見つけたよカード」に描くことができた。
■ 自分で選んで植えた野菜の世話を熱心に行い，「見つけたよカード」への記録を続け，花が咲いたあとに，実ができることに気付いた。
■「1年生のアルバム」の学習で，4月に書いた自分の名前や「見つけたよカード」を見ながら1年間の学校生活で，できるようになったことが増えたことに気付き，まとめることができた。
■ 町探検で自分がよく遊ぶ公園の紹介をするだけでなく，友達の説明にも関心を示せるようになるとよい。
■ 生き物と仲よしの学習でアメリカザリガニの飼育をした。えさやりなどの世話をしたが，最後まで触ることができなかったことは残念だった。

趣旨 思考・判断・表現

▶ **身近な人々，社会及び自然を自分との関わりで捉え，自分自身や自分の生活について考え，表現している。**

■ 音楽の先生に音楽室の秘密を聞いたり珍しい楽器を見せてもらったりしたことを，楽しいクイズにして音楽室の魅力を紹介することができた。
■ 2年生に進級し，初めての生活科の授業で，「1年生のアルバム」の学習でまとめたことを思い出し，いろんなことができるようになりたいと発表することができた。
■ 家の中の仕事について調べ，普段当たり前に思っていたことが，休みがなく大変なことに気付き，自分でできることは手伝いたいと学習を振り返ることができた。
■ 図書館には，新聞や雑誌，点字の本，CDなどがあることに気付き，まとめの新聞づくりでは，利用する人のことを考えて，使いやすく工夫されていることを記事にすることができた。
■ 春に決めた校庭の「わたしの木」を1年を通して観察し続け，季節の移り変わりに従って葉や枝の様子が変化していくことを考えることができた。
■「おもちゃランド」の学習で，招待した1年生を楽しませようと自分たちがつくったおもちゃの遊び方やルールを工夫し，分かりやすい説明を書くことができた。
■ 校庭でダンゴムシを見つけ，クラスで飼い方を話し合った。ダンゴムシのいた場所と同じようなすみかをつくればいいんだと考え，発表することができた。
■ 秋の公園で落ち葉や木の実を集めた。様々な色や形があることに気付いたが，集めたものを使ったものづくりの活動になると手が止まって進めなかったことが残念だった。
■ 地域の幼稚園や保育園の子に1年生でがんばってきたことを伝えようとしていた。簡単な劇にするなど分かりやすく伝える工夫ができるとよい。

趣旨 主体的に学習に取り組む態度

▶ **身近な人々，社会及び自然に自ら働きかけ，意欲や自信をもって学ぼうとしたり，生活を豊かにしたりしようとしている。**

■ 家の人の仕事を調べ，お母さんが洗濯やアイロンがけを段取りよく行っていることに気付き，自分にできることを考え実行すると，発表することができた。
■ 町探検で，自分の夢であるお花屋さんにインタビューし，仕事の苦労や楽しいことを聞き，お花屋さんになりたいという希望をより強くもつことができた。
■ 町探検で，見学やインタビューをさせてもらって，将来パン屋さんになりたい夢が強くなったと，気持ちを込めてお礼の手紙を書くことができた。
■ 校庭で見つけた霜柱は，土の中の水が凍ったことを知り，氷をつくってみたいと考え，水を入れたカップをいろいろな場所に置いて氷ができるまで粘り強く取り組むことができた。
■「おもちゃランド」の学習で風で動くおもちゃをつくった。クラスで一番速く走る車をつくろうと帆の大きさや形，風の当て方などを工夫しながら，完成させることができた。
■ プール掃除の前にヤゴを取って，教室で飼うことになり，絶対に羽化させたいと，飼い方やえさを図鑑で調べて一生懸命に世話を続けることができた。

■ 夏休みに家族で行ったキャンプの経験を，大きな模造紙に写真やイラストを使ってキャンプ場の地図を描き，自分たちがどこでどんなことをしたのか工夫して伝えることができた。
■ 自分の生まれた頃のことに関心をもち，使っていたものや写真をたくさん集めた。両親だけでなく祖父母や幼稚園の先生にもインタビューするなど，意欲的に学習に取り組むことができた。
■ グループで学校を探検した。最初は，珍しそうにグループをリードし見回っていたが，途中から遊ぶ姿が見られるようになった。粘り強く続けられるようになるとよい。
■ 野菜を育てたとき，1年生のときに育てたアサガオのことを思い出して，水やりなどの世話をしたが，最後まで続けられず残念だった。

音楽　第1・2学年

趣旨　知識・技能

▶ 曲想と音楽の構造などとの関わりについて気付いている。
▶ 音楽表現を楽しむために必要な技能を身に付け，歌ったり，演奏したり，音楽をつくったりしている。

■「春がきた」を歌詞の表す情景に合う明るくのびやかな声で歌うことができた。
■ 打楽器のリズム打ちの範奏を聴き，拍の流れに乗って上手にまねをして演奏することができた。
■「きらきらぼし」の合奏では，きれいな音を鳴らせるように，マレットの打ち方に気を付けて鉄琴を演奏することができた。
■ 息の強さやタンギングに気を付け，きれいな音色で鍵盤ハーモニカを演奏することができた。
■ 正しい指づかいで鍵盤ハーモニカを演奏できるよう繰り返し練習し，拍の流れに乗って上手に演奏できるようになった。
■ 合奏で打楽器を演奏する際，テンポが速くなることがあったので，周りの音をよく聴いて拍の流れに乗れるよう練習するとよい。
■ 鍵盤ハーモニカの演奏では，息の強さに気を付けてきれいな音が出せるよう，さらに努力することが望まれる。

趣旨　思考・判断・表現

▶ 音楽を形づくっている要素を聴き取り，それらの働きが生み出すよさや面白さ，美しさを感じ取りながら，聴き取ったことと感じ取ったこととの関わりについて考え，どのように表すかについて思いをもったり，曲や演奏の楽しさを見いだし，音楽を味わって聴いたりしている。

■「かくれんぼ」の歌では，実際に遊んだときの様子を思い浮かべながら，声の強弱をつけるなど歌い方を工夫することができた。
■ 曲が呼びかけとこたえの形になっていることに気付き，互いの音をよく聴き合って演奏することができた。
■「○○の音楽づくり」では，楽器の音色の特徴を生かし，○○の様子をイメージした音楽をつくることができた。
■「シンコペーテッドクロック」の鑑賞では，打楽器のリズムの変化による面白さを感じ取って，体を動かしながら聴くことができた。
■「トルコ行進曲」の鑑賞では，音の強弱の変化を感じ取り，情景を思い浮かべながら楽しんで聴くことができた。
■ 打楽器の演奏では，強すぎる音を出してしまうことがあったので，周りの音をよく聴いて演奏するよう気を付けるとよい。
■「人形のゆめと目ざめ」の鑑賞では，旋律の変化に気付くだけでなく，それぞれの情景を思い浮かべることができるとよい。

趣旨　主体的に学習に取り組む態度

▶ 音や音楽に親しむことができるよう，音楽活動を楽しみながら主体的・協働的に表現及び鑑賞の学習活動に取り組もうとしている。

■ 体でリズムを取りながら，友達と声を合わせ，楽しく歌を歌うことができた。
■ わらべうた遊びに進んで参加し，歌に合わせて体を動かす活動を楽しんで行うことができた。

■ 音楽会の合奏でタンブリンを担当し，正しいリズムが打てるよう，他の打楽器担当の児童と一緒に繰り返し練習に励んでいた。
■ 音楽づくりの際，自分の思い描いたイメージに合う音を見つけるまで，いろいろな楽器や奏法を何度も試していた。
■ 鑑賞の学習では，「もう一度聴かせてほしい」と訴えるなど，情景を表す旋律の変化を聴き取ろうと意欲的に取り組む姿が見られた。
■ 楽器をうまく演奏できなくて途中であきらめてしまうことがあった。さらに練習を重ねるなどの努力が望まれる。
■ わらべうた遊びでは，声を合わせて歌うことよりも遊びに夢中になりすぎることがあったので，声を合わせて歌うことを意識できるようにするとよい。

図画工作　第1・2学年

趣旨　**知識・技能**

▶ **対象や事象を捉える造形的な視点について自分の感覚や行為を通して気付いている。**
▶ **手や体全体の感覚などを働かせ材料や用具を使い，表し方などを工夫して，創造的につくったり表したりしている。**

■ 粘土を使った動物づくりでは，粘土の可塑性を知り，その特性を生かしてゾウの鼻を長くしたり，付けたしたりしてつくることができた。
■ 新聞紙を使った「ちぎってまるめて」では，材料の特徴に気付いてその感触を楽しみながら工夫して形をつくり出そうとすることができた。
■「わたしのアサガオ」では，これまでに経験している様々な技法を使って表現しながら，さらに新たな方法を試し工夫することができた。
■「いろいろなかたちへ」では，箱をいろいろな角度から観察してその特徴に気付き，その特徴に合わせて接着方法などを考えることができた。
■「おべんとうばこ」では，材料ごとの特性に気付き，特性に合わせたお弁当の中身について工夫することができた。
■「えにならないえ」では，絵の具の色の種類に注目する中で，好きな色に固執する様子が見られた。柔軟に技能の幅を広げる姿が望まれる。
■「きれはしでえがこう」では，様々な布の形に触れて材料の特性について知ろうとする中で，その形を工夫することができなかった。形を変える工夫が望まれる。

趣旨　**思考・判断・表現**

▶ **形や色などを基に，自分のイメージをもちながら，造形的な面白さや楽しさ，表したいこと，表し方などについて考えるとともに，楽しく発想や構想をしたり，身の回りの作品などから自分の見方や感じ方を広げたりしている。**

■ 紙を丸く切ろうとするときに，はさみの根元で紙を回すなど，考えながら工夫して制作に取り組むことができた。
■ 材料や環境，友達との関わりからつくりたいものを考え，そのよさや面白さに気付いたり，考えたりすることができた。
■ 体全体の感覚を働かせながら形や色，表現方法を考えたり，友達の作品のよさを自分の表現に生かしたりすることができた。
■ 表したい形をイメージし，箱をつなげたり積んだりして考え，できていく形の造形的な面白さを感じ取ることができた。
■ 好きな形をつくるための色や材料の組み合わせを考えたり，周りの友達の表現を参考にしたりして，自分が表したいことに生かすことができた。
■「えにならないえ」というテーマに対して，既存の形にとらわれ自在に表現することができなかった。造形的な面白さへの気付きが望まれる。
■ 表したいものをイメージし表現する中で，行き詰まるとイメージを変えてしまう姿が見られた。初めのイメージを深く考え，追求する姿が望まれる。

趣旨　主体的に学習に取り組む態度　▶ **つくりだす喜びを味わい楽しく表現したり鑑賞したりする学習活動に取り組もうとしている。**

■ 図画工作の時間に使えそうな材料を日常の中で意欲的に集め，自分の願いに合った作品にしようと進んで取り組むことができた。
■ 材料の感触を楽しみながら，教室の環境や周りの友達，また，その作品と積極的に関わり合おうとすることができた。
■ 色を塗ったり，塗り重ねたりする感触を味わいながら，描いたり表現したりする活動を楽しむことができた。
■ 箱という材料がもつ特徴に関心をもち，その特徴を活用してつくるなど，表現することに喜びを感じながら取り組むことができた。
■ 日常のお弁当とイメージの世界のお弁当を交換させながら，材料や色を構成し，表現することを楽しむことができた。
■ 色や形，表現することに対して既存の絵画にとらわれていた。表現することを自在に楽しむ姿が望まれる。
■ 色々な形や色の布が表現にどのように生かされるのかという可能性について，楽しみながら表現する態度が望まれる。

体育　第1・2学年

趣旨　知識・技能　▶ **各種の運動遊びの行い方について知っているとともに，基本的な動きを身に付けている。**

■ 短縄を使った遊びでは，足の下で意図的に縄を止めたり，リズミカルに連続して跳んだりすることができた。
■ マットを使った運動遊びでは，いろいろな方法でスムーズに揺れたり転がったりすることができた。
■ 水に浮く運動遊びでは，ビート板を持って体をまっすぐに伸ばしながら進むことができた。
■ ボール蹴りゲームでは，相手のいないところを狙って蹴ったり，転がってきたボールを止めたりすることができた。
■ リズム遊びでは，リズムに合わせて全身で弾みながら回ったり移動したりしながら踊ることができた。
■ 鉄棒を使った遊びでは，逆さ感覚が身に付いていないため頭が鉄棒より下になることが怖い状態である。「なまけもの」や「こうもり」などの技を少しずつ練習して，怖さを克服するとよい。
■ 幅跳び遊びでは，片足で踏み切ることができず，両足で踏み切ることしかできなかった。ケンパー遊びやゴム跳び遊びで，片足で踏み切る感覚を身に付けるとよい。

趣旨　思考・判断・表現　▶ **各種の運動遊びの行い方を工夫しているとともに，考えたことを他者に伝えている。**

■ 長縄を使った運動遊びでは，縄に入るタイミングをつかめない友達に，縄が上にいくときに入ることを教えることができた。
■ 鉄棒を使った運動遊びでは，お腹でぶら下がるときにお腹が痛くならないぶら下がり方を試し，それをクラスの友達に紹介することができた。
■ 水の中を移動する運動遊びでは，水の中を歩くときは手で水をかくと進みやすいことに気付き，具体的に示しながら発表していた。
■ 鬼遊びでは，鬼（相手）がほかの人を追いかけたときに自分が逃げやすくなることに気付き，それをクラスの友達に教えることができた。
■ 表現遊びでは，題材の特徴にあった動きをしている友達の動きのよさに気付き，具体的に示しながら発表していた。
■ ボールゲームでは得点するための動きに気付き得点することができているが，それを友達に伝えることができなかった。言葉だけでなく実際に動きながら説明する方法を身に付けるとよい。

■マット運動では，友達のよい動きに気付くことはできたが，それを言葉で伝えることができなかった。擬音語や擬態語で表現する方法を身に付けると，動きを言語化することができるようになる。

趣旨 **主体的に学習に取り組む態度** ▶ **各種の運動遊びの楽しさに触れることができるよう，各種の運動遊びに進んで取り組もうとしている。**

■初めはフープをまっすぐに転がすことができなかったが，持ち方やフープの傾きをいろいろと試しながら，できるようになるまで運動を続けることができた。
■逆さになることに恐怖心をもっていたが，「なまけもの」や「ふとん干し」などに挑戦しながら頭が下になることに慣れ，鉄棒を使った運動遊びに進んで取り組もうとしていた。
■かけっこではゴールを越えるまで精一杯走り，勝敗を受け入れ友達と仲よく競走することができた。
■初めの頃は水に口をつけるのが精一杯だったが，鼻→目→おでこと少しずつ水につけられるようになり，もぐる遊びに進んで取り組もうとしていた。
■リズム遊びでは，友達とぶつからないように気を付けながら，音楽が終わるまで友達と仲よく踊ることができた。
■鬼遊びでは，鬼にタッチされても受け入れることができなかった。鬼にならないことだけでなく，友達と仲よく遊ぶことや動きを工夫することの楽しさも味わえるようになるとよい。
■跳び箱を使った運動遊びでは，跳び箱の上に乗った後，怖さのためにその後動くことができなかった。低い段から少しずつ自分の「できる」を増やしていくことを目指してほしい。

学習全般に関する所見

教科全般

■一つのことに集中して取り組むことができ，漢字や計算などの学習にもよく努力し，着実に力を伸ばすことができた。
■生活科の学習では，学校の探検や秋見つけなど，進んで調べたり五感を使って活動したりすることができた。
■平仮名の練習は，お手本を意識しながら繰り返し練習した成果が表れ，形を整えることができ，発表や音読も自信をもって取り組むことができた。
■学校生活にも慣れ，友達と仲よく過ごすことで，友達とも楽しみながら学習に取り組むことができた。
■いつもよく話を聞いているので，誰の問いかけにも素早く反応し，元気のよい返事をしていた。
■話をよく聞き，学校の約束やきまりをしっかりと守っているので，落ち着いて行動することでさらによさが出てくる。

学習意欲

■好奇心が旺盛で，いろいろなことに積極的に取り組み，見学や観察では細かいところにまで目を向けて調べることができた。
■何事にも興味をもち，分からない漢字や生き物の名前があると自分から人に聞いたり，図鑑で調べたりして解決することができた。
■いつも元気に活動している姿が見られ，体育科でのボール蹴り遊びでも遠くへ飛ばそうと，友達と楽しく競い合うことができた。
■落ち着いて行動することができているので，学校の約束やきまりをしっかりと守ることを身に付けるとよい。

学習態度

■学習用具の忘れ物がなく，授業の準備を整えることができ，家庭での学習にも積極的に取り組むことができた。
■相づちを打ちながら最後まで話を聞く姿勢が定着しており，どの教科の学習においても落ち着いて熱心に取り組むことができた。

■姿勢に気を付けて学習に取り組み，話す人の方を見てうなずきながら話をしっかり聞くことができ，考えたことを発表する姿も立派にできた。
■授業中，よく考えて発表することができているので，話し手の方を見て最後まで姿勢よく話を聞くことが身に付けばさらによさが出てくる。

学習耐性

■与えられた課題に対して，粘り強く取り組み，うまくできないことや分からないことは進んで教師に聞いて解決しようとした。
■乗法九九などの計算が苦手であったが，繰り返し計算練習をし，力を付けることができた。
■給食当番や掃除当番などを担当したときには，みんなのために大きな声で分かりやすく伝えられるよう練習し，責任をもって仕事に取り組むことができた。
■一画一画丁寧に文字を書くことで着実に漢字の力を付けることができているので，さらに筆圧にも気を付けて練習するようにするとよい。

学習成果

■音読の練習に毎日継続して取り組み，語のまとまりや言葉の響きなどに気を付けて努力することができた。
■生活科の観察や学校探検などでは，みんなの気が付かない細かいところにまで目を向け，発見する力を身に付けることができた。
■友達とも力を合わせて取り組み，毎日練習を重ねたことで着実に漢字テストに成果が出てきた。
■どの教科も意欲的で，自分の考えを授業中に発表するのは素晴らしいが，話す人の方を見て話を聞くことができればさらによい。

学習習慣

■授業開始のチャイムが鳴るときには，席に着いているなど，休み時間と学習時間のけじめをつけ，あいさつや指名されたときの返事も元気よくできた。
■算数では，算数用具の教材を使った後，丁寧に整理・整頓し，大切に使おうとする姿勢が身に付いてきた。
■姿勢に気を付けて人の話を聞いたり，観察カードや絵日記などの文字を一文字ずつ正しく書いたりすることができた。
■落ち着いて学習に取り組み，自分の考えをノートに書いてから発表できているので，全体の場で伝えることができれば，みんなの考えも深められる。

集団学習

■ペア学習では，自分から進んで意見を言ったり，次に行う活動を決めたりして，リーダーシップを発揮し，学習することができた。
■生活科の「昔遊び」の学習では，うまくこま回しができない友達に，進んで声をかけ，楽しく活動しようとしていた。
■生活科の「学校探検」の学習では，ペアの1年生の世話をがんばり，喜びながら楽しく探検している様子を随所に見ることができた。
■集団生活の流れや約束が少しずつ分かり友達とも学習を進めているが，友達と楽しい話合いができるよう力を注いでいくとよい。

体験学習

■生活科などの体験学習では，自分の願いやめあてをはっきりさせて，粘り強く取り組むことができた。
■地域の高齢者の方と関わったり，身近な自然を観察したりするなど，めあてをもって意欲的に活動することができた。
■観察カードを書きながら細かいところまでよく見て，絵や図に描いたり，数や色，触った感じ，感想などを分かりやすく書いたりすることができた。

■ 学校行事では，めあてと見通しをもって行動しているが，友達への発言が時々きつくなることがあったので気を付けるとよい。

作業学習

■ 手先が器用で，特にはさみの扱いがうまく，細かいところまで丁寧に切ることができた。
■ やり始めたことは最後まで丁寧にやり抜き，作業の途中で友達から話しかけられても集中力を切らさず活動できた。
■ 図画工作の時間には，指を上手に使って粘土をつまみ出したりつけたしたりしながら，躍動感のある動物をつくることができた。
■ 問題と問題の間をあけ，見やすい工夫をしたり文字を丁寧に書いたりできているので，筆算などの計算問題にも生かしてほしい。

その他に関する所見

学習に影響を及ぼす健康状況・身体状況

健康状況（心・体）

・仲間の輪に入ろうとする意欲を育てるため，休み時間には，みんなと一緒に遊ぶように友達から誘わせたり小まめに声をかけたりして配慮した。
・水に慣れることに抵抗があって，プール学習の授業がある日には登校を渋っていたが，徐々にプールの楽しさを感じ，元気に登校できるようになった。
・学校での生活にも慣れ，授業中は真剣なまなざしで先生の話を聞き，自分から進んで手を挙げて発表することができた。
・学校での集団生活の流れや約束が少しずつ分かってきたことで，一人で時間を過ごすことなく，友達とも上手に話ができるようになっている。

身体状況（体力状況）

・活発なところがあるが心臓に疾患があるため，縄跳びや持久走などの激しい運動には十分に配慮をする必要がある。
・幼稚園の頃より手足に軽い障がいが見られるため，移動する際には，担任と手をつなぎ先頭を歩くように配慮を続けた。
・話をよく聞き，見える範囲の中で自分ができるところまでがんばり，友達の応援も素直に聞き入れて，元気に活動することができた。
・いろいろなことに興味をもち，意欲的に取り組む姿が見られるが，手が思うように動かないときもあり，時間をかけて最後までやり遂げるように助言した。

学習に影響を及ぼす環境的諸条件

学校

・花壇の草花や飼育小屋の動物と進んで関わることを通して，自然に親しんだり，生き物への関心を高めたりすることができた。
・学級文庫などの本の紹介を継続的に行うことを通して，本への興味や関心が高まり，図書館にも進んで足を運ぶようになった。
・当番の活動も自分のやるべきことを確実に手際よく行うことができるようになってきて，責任をもって取り組むことができた。

- 姿勢に気を付けて学習に取り組み，話す人の方を見てしっかり話を聞くので，進んで発表できるよう配慮を続けている。

家庭

- 家計の事情から朝食を食べてこないことが目立ち，朝から空腹を訴えることがあった。保護者に朝食をとって登校させるように何度も話をした。
- 家庭の協力もあり，漢字や計算などの基礎的・基本的な知識や技能を確実に定着させることができるようになった。
- 平仮名や漢字の練習では，家庭でも力を入れて書くようアドバイスをお願いすると，筆圧を意識した整った美しい文字が書け，学習の成果が見られた。
- 下校途中で遊びに誘われると家に帰らずそのまま友達の家で遊ぶことがあったので，まっすぐ家に帰ってから遊びに出るように指導を重ねた。

地域

- 地域の行事に参加することを通して，あいさつをしたり，進んで手伝ったりするなど，たくましさが感じられるようになった。
- 地域の公園でみんなと遊ぶなど積極的に家の外に出て活動し，異学年の友達とも仲よくすることができた。
- 登下校の際に地域の見守り隊の方々に「行ってきます」「ただいま」とあいさつができ，楽しく学校生活を送ることができた。
- 地域の方とともに公園の清掃活動に熱心に取り組めているので，日頃の生活の中でもその気持ちを生かして整理・整頓に気を付けさせたい。

児童の努力を要する点や今後の指導で特に配慮を要する点

全体

- 大らかで何事にもあまり気に留めないので，家庭と連携をとり，規則正しい生活や学習の準備にも家庭の協力を得られるよう働きかける必要がある。
- 周囲の様子に気を取られ，つい気押され気味で声が小さくなったり登校を渋ったりする傾向が見られたので配慮を重ねた。
- 積極性やリーダーシップが十分に備わっているので，さらによい友達の幅を広げて，明るく楽しい学校生活が送れるよう成長を促した。
- 準備や後片付けなど身の回りの整理・整頓が素早くできているので，これからは学校の時間を守って行動できるよう指導を継続したい。

教科

- 文字を書くことに抵抗感をもち，書くことに時間がかかることもあったが，視写を繰り返し，早く正確に書けるように練習を重ねた。
- 数の概念の定着を図るため，繰り下がりのある減法の計算を具体物の操作などを通して，繰り返し正確に計算できるように時間をかけて練習した。
- 音楽の授業だけでなく休み時間も鍵盤ハーモニカを楽しく演奏をする姿が見られた。指導を重ね，他の学習にも波及するようにしたい。
- 友達の意見を十分に聞き入れながら，協力して仲よく活動できているので，より多くの友達と意見交換ができるようになればさらに幅を広げられる。

特別の教科　道徳の所見

A 主として自分自身に関すること

(1) 道徳性に係る成長の様子

■ よいと思ったことを，勇気を出して行った主人公の姿から，そのよさを感じ取り，自分もできるようになりたいという気持ちをもつことができた。
■ 教材の登場人物の気持ちについての話合いで，素直にあやまることの大切さに気付き，行動につなげようとする意欲が見られた。
■ 規則正しく生活することのよさを見つめ，「少しずつ気を付けていきたい」と前向きに発言していた。
■ 教材の主人公と自分を重ねて考え，自分もめあてをもってがんばっていきたいという気持ちを，高めることができた。
■ 教材の中から，一人ひとりによいところがあると気付き，友達のよいところをたくさん見つけていきたいという気持ちをもつことができた。自分のよいところも見つけてほしい。

(2) 一面的な見方から多面的・多角的な見方へ発展している

■「注意をするか，しないか」と迷う場面で，友達の話を聞きながら，注意をすることのよさがたくさんあることに気付き，発表していた。
■ 話合いを通して，正直であることのよさを，自分にとってだけでなく，正直にされた側の立場からも考え，みんなにも伝えることができた。
■ ペアで話し合うことを通して，わがままになってしまう人の気持ち，わがままな人に困らされた人の気持ちの両方を捉えながら，何が大切なのか多方面から考えていた。
■ 友達とペアでの登場人物の行動についての話合いで，規則正しく生活することのよさをたくさん見つけ，発表していた。
■ 努力してやり遂げることのよさについて，友達の考えをしっかりと聞いて知ろうとし，ノートに書いていた。ノートに書いたことをもとに，自分の考えを広げたり深めたりしてほしい。

(3) 道徳的な価値の理解を自分自身との関わりの中で深めている

■ 役割演技を通して，登場人物に自分を重ねて考え，「正直にすると気持ちがよくなる」と発表していた。
■ 登場人物がよいと思うことを，勇気を出して行ったときの気持ちを自分の経験と重ねて考え，みんなに伝えていた。
■ 学習では，教材の登場人物に自分を重ねながら，「自分もわがままになってしまったことがある」とこれまでの自分を振り返り，周りの人を気遣うことの大切さを考えていた。
■ 登場人物が目標に向かって努力する姿から，そのよさに気付くと，今までの自分を振り返り，自分もがんばった経験があると自信をもって発表していた。
■ 教材の登場人物がうそをついたときの気持ちを考え，進んで発表していた。登場人物に自分を重ねたり，自分を振り返ったりして考えてほしい。

B 主として人との関わりに関すること

(1) 道徳性に係る成長の様子

■ 教材から，親切にすると，自分も相手も気持ちがよくなることに気付き，自分も誰かに親切にしていきたいとノートに書いていた。
■ 身の回りのたくさんの人にお世話になっていることに心を向け，「自分もありがとうの気持ちを届けることを大切にしたい」と発表していた。
■ 教材から，あいさつを交わすと気持ちがよくなったり，嬉しくなったりすることに気付き，「大きな声であいさつをしたいね」と話していた。

■ みんなで話し合う中で，仲間外れをせずに，みんな一緒に遊ぶことのよさや楽しさを知り，「友達に優しくしたい。もっと仲よくなりたい」という気持ちを高めていた。

■ 教材の登場人物の考えや気持ちについて話し合い，「親切にするとみんな気持ちがいいと思う」とみんなに伝えていた。よいと思ったことを自分に生かしていこうという気持ちにつなげていってほしい。

(2) 一面的な見方から多面的・多角的な見方へ発展している

■「親切にすること」について，親切にする側，される側，両方の側から，親切にすることのよさや大切さについて考え，発表していた。

■ 友達と話し合う中で，いろいろなあいさつがあることや，あいさつをすることのよさがたくさんあることに気付き考えを深め，ノートに書いていた。

■ いろいろな登場人物の立場に立って，仲間外れがあったときと，楽しく過ごせたときの心情を考え，みんなに伝えていた。

■ 友達と話し合うことを通して，自分では気付かなかった登場人物の気持ちや考え方に触れ，親切にすることのよさを様々な面から考えていた。

■ 友達の意見を聞き，あいさつをすることの大切さやよさを知り，たくさんノートに書いていた。ノートに書いたことをもとにもう一度考えて，自分の考えを広げたり深めたりしてほしい。

(3) 道徳的な価値の理解を自分自身との関わりの中で深めている

■ 学習を振り返り，自分が悩みながらも親切にできたときのことを思い出し，親切にすることのよさを実感していた。

■ 登場人物と自分を重ねて考え，自分の経験を振り返り，「あいさつをするときには，少し勇気がいるけれど，できたときは，嬉しいよ」とみんなに伝えていた。

■ 登場人物に自分を重ねて考え，いじわるをしたくなる気持ちに共感しながらも，それに勝る親切にすることのよさに気付き，考えたことを発表していた。

■ 教材の登場人物に思いを重ねて考え，温かい思いやりの気持ちに触れたときの嬉しさや喜びに気付き，みんなに伝えていた。

■ 友達の発表から，身の回りのたくさんの人にお世話になっていることを知り，ノートに書いていた。自分の生活も見つめて，お世話になっている人たちのことを考えてみてほしい。

C 主として集団や社会との関わりに関すること

(1) 道徳性に係る成長の様子

■ きまりについて考えたときには，きまりの大切さを知り，自分もみんなのためにきまりを守っていきたいとノートに書いていた。

■ 教材について話し合う中で，「えこひいきみたい。いやな気持ちになる」と言いながら，公平さを大切にしていきたいという気持ちを語っていた。

■「みんなのために働くこと」のよさに気付き，「もっと，係の仕事をがんばりたい」という意欲を高めていた。

■ 地域の行事に参加した登場人物の思いについて話し合う中で，自分の町の地域の行事にも目を向け，「もっと，知りたい」と発表していた。

■ 登場人物の気持ちになって考え，大切な家族のために，自分にできることをすることの大切さに気付いて発表していた。なりたい自分の姿を考えることにつなげてほしい。

(2) 一面的な見方から多面的・多角的な見方へ発展している

■「きまりを守る」ことについて話し合ったときには，いろいろな登場人物の立場からきまりを守ることの大切さを捉えて，発表していた。

■話し合うことを通して，自分が考えていた以上に，学校のいいところや楽しいところがあることに気付くだけでなく，もっと楽しくしたいとみんなに話していた。
■学級での話合いを通して，みんなで使うものを大切にすることのよさにたくさん気付き，ノートに書いていた。
■友達の役割演技を見ながら，登場人物の心情だけでなく，演技に込めた友達の思いまで考えて，みんなのために働くことのよさを様々な面から考えていた。
■いろいろな国の人たちと仲よくするために大切なことを，自分で考えてノートに書いていた。友達の考えを聞きながら，考えを広げてほしい。

(3) 道徳的な価値の理解を自分自身との関わりの中で深めている

■学習を振り返り，自分の生活の中で他の遠い国から来たものを見つけたことを思い出し，みんなにも知らせていくなど，興味を広げていた。
■登場人物と自分を重ねて考える中で，公平にしてもらえなかったときのつらさを感じ取り，誰に対しても同じようにすることの大切さに気付いて発表していた。
■登場人物と自分の経験を重ねて考えていた。きまりについて考えたときには，「守らなくてはいけないと分かっているけど，つい他のことに気がいって守れないときがある」と自分を見つめていた。
■学習を通して，家族が自分のことを大切に思っていることに改めて心を向け，家族のために自分ができることを考え，ノートに書いていた。
■登場人物の行動や考え方を知り，誰に対しても同じようにすることの大切さに気付き，ペアの友達に話していた。自分の生活や経験とつなげて考えてほしい。

D 主として生命や自然，崇高なものとの関わりに関すること

(1) 道徳性に係る成長の様子

■登場人物の心情について話し合う中で，命は自分だけのものではないことに気付き，大切にしていきたいという思いを強くもって，みんなに伝えていた。
■「小さな命」を大切にする主人公の思いを考え，自分の身の回りの自然や小さな生き物にも目を向け，大切にしていきたいとノートに書いていた。
■教材について話し合う中で，登場人物の優しく美しい心に触れ，「すてきだね」とペアの友達と語り合っていた。
■教材から，草花にも命があることや小さな動物のお母さんも赤ちゃんを大切に育てていることを知り，生き物の命を大切にしたいとノートに書いていた。
■教材から，生きているからできることや感じることを，自分の生活を見つめ考え，発表していた。これからの自分の中で大切にしていきたいことも考えてみてほしい。

(2) 一面的な見方から多面的・多角的な見方へ発展している

■「命の大切さ」について話し合うことを通して，大事にされている，なくなったらみんなが悲しむ，一つしかないなど，命の大切さの理由をたくさん見つけ，ノートに書いていた。
■友達の考えをしっかりと聞きながら，自分の考えを見つめ直したり広げたりして，発表していた。命についての学習では，「命ってすごいね」とペアの友達と語り合っていた。
■友達と，生きているからできることを話し合う中で，自分と違う考え方もしっかりと聞いてノートに書いていた。「生きていると，いろいろなことができることが分かった」と発表していた。
■教材について話し合う中で，自然のもつ不思議な力に驚き，自然を守りたいと発表していた。友達との話合いでは，守りたいと考える理由がたくさんあることに気付き，ノートに書いていた。
■動物のあたたかさや，抱くと触れる心臓の鼓動，息をしている様子など，知っていることをたくさん発表していた。友達の考えから，「命」に対する自分の考えを広げていってほしい。

(3) 道徳的な価値の理解を自分自身との関わりの中で深めている

■ 教材と自分の経験を重ね「私が熱を出したときも，お母さんびっくりしていたよ」とみんなに話していた。自分の命は，家族からとても大切に思われていることに気付いていた。

■ 学習を通して自分の周りにもある「美しいもの」に心を向け，たくさん見つける中で，自分たちの心にも美しさがあることに気付き，みんなに知らせていた。

■ 学習の中で，これまでの自分は生き物や自然をあまり気にしていなかったと振り返り，生き物の不思議をたくさん見つけてみたい，大切にしたいという気持ちを高めていた。

■ 教材と生活科でインタビューした自分の赤ちゃんの頃のことを重ねて捉え，家族に大切に思われながら成長してきた自分を改めて見つめ，自分の命を大切にしたいとノートに書いていた。

■ 教科書の写真から，生き物の命のすてきなところをたくさん見つけて，発表していた。自分が生き物とふれあった経験などともつなげながら考えていってほしい。

全　般

児童の学習状況や大くくりなまとまりを踏まえたもの

■ いつも登場人物に共感しながら，登場人物の気持ちや行動の理由を考えていた。友達の考えを聞きながら，自分の考えを広げていた。

■ 役割演技では，登場人物になりきって演じ，自分の思いや考えを伝えていた。友達の役割演技を見るときには，友達の思いや考えを受け止め，自分と違う考えのよさにも気付いていた。

■ 学習したことと以前の学習をつなげて考えたり，自分の経験と重ねて考えたりしていた。考えたことをみんなにもしっかりと伝えていた。

■ 話合い活動では，自分の考えを意欲的に発表するだけでなく，友達の考えをしっかりと聞き，登場人物の思いや判断の理由をいろいろな視点から捉えていた。

■ 学習を通して分かったことを発表し合う中で，これまでの自分を見つめ，よりよくしていきたいという意欲をもっていた。

■ 友達の考えをしっかりと聞いて，登場人物の気持ちや考えを捉えて，ノートにたくさん書いていた。登場人物に自分を重ねたときの自分の考えも大切にしていってほしい。

特別活動に関する事実及び所見

学級活動

(1) 学級や学校における生活づくりへの参画

話合い活動

■ お楽しみ会の計画での話合いでは，友達の意見をよく聞き，自分の意見を分かりやすく説明することができた。
■ 遊具での遊び方について，みんなが安全で楽しく遊ぶことができるよう，様々な工夫を提案し，積極的に話合いに参加することができた。
■ 自分の考えと違うことがあっても，もう一度話し合ってみようという気持ちの切り替えが感じられる場面が多くあり，1年間での心の成長があった。
■ 係分担の話合いのときには，楽しい学校生活のために学級に必要な係を見つけ，意欲的，積極的に話合いへと参加していけるよう心掛けるとよい。

係活動

■ 仲よく助け合って係活動ができるよう，係の分担や仕事内容について，アイデアを出し，楽しく係活動ができるよう考えることができた。
■ 保健室に観察カードを届ける係活動では，自分の仕事に責任をもって「失礼します」と元気にあいさつをして取り組むことができた。
■ 楽しい学級生活ができるよう係を決めるときは，学級に必要な係を意欲的に見つけ，話合いに参加することができた。
■ 日直のときには，持ち物や時間割のことなどでクラスのみんなに役に立つ情報を収集しているので，積極的に伝えていけるよう心掛けるとよい。

集会活動

■ お楽しみ集会までの準備を，友達と楽しみながら分担し，仲よく集会活動をすることができた。
■ 学習発表会では，友達とともに自分たちのイメージに合った台詞(せりふ)の言い方を工夫し，休み時間にも進んで練習することができた。
■ 学習発表会で必要な背景や小道具などのものづくりでは，指示がなくても臨機応変に判断して工夫することができた。
■ 誕生日集会では，遊びのルールを友達とともに分かりやすく模造紙に書くことができたが，発表に手間どった。何回も説明の練習をするとよくなる。

(2) 日常の生活や学習への適応及び健康安全

基本的な生活習慣の形成

■ 週のめあてを決めるときに，「仲よしいっぱいな学級にしたい」という願いをもち，積極的に意見を発表することができた。
■ 友達と関わることが好きで，友達との会話を楽しみ，休み時間は子供らしく伸び伸びとよい表情で過ごすことができた。
■ 友達のよさやがんばりを素直な気持ちで受け入れ，善行に対して温かい拍手を送ることのできる素敵な心をもって友達と接することができた。
■ あいさつ運動の取り組みでは，児童会の動きに合わせ，学級の取り組みを学級の全員に声がけできるよう努めてほしい。

よりよい人間関係の形成

■ 学級の友達がみんな仲よく生活できるよう，休み時間の遊び方を工夫して提案することができた。
■ けんかの後の仲直りの方法を具体的に提案し，学級の友達と仲よく生活することができるよう，進んで話合いに参加した。
■「よい言葉や悪い言葉」の話合いでは，みんなが仲よくできるような「ほかほか言葉」を多く見つけ，進んで意見を発表することができた。
■ 帰りの会では，互いのよさを認め合うことができるよう進んで話合いに参加していた。学級の友達とさらに仲よく生活することができるよう接し方を考えるとよい。

心身ともに健康で安全な生活態度の形成

■ 歯磨きの仕方について，歯科衛生士の話をよく聞き，自分で丁寧に磨くことができるよう，何度も練習をすることができた。
■「健康な体づくり」の学習では，風邪をひかない丈夫な体をつくるためには，外で元気に遊ぶことが大切であることを理解し，意見を発表することができた。
■「私の大切な体」の学習では，日頃から気を付けていることを自らの経験を交えて発表するなど，意欲的に学習することができた。
■ 熱中症にならないよう学級の友達にも呼びかけ，水分補給の大切さを力説していた。さらに，帽子を被って外に出るなど，みんなの手本になれるよう努めてほしい。

学校給食と食習慣

■「何でも食べよう」の学習では，「健康な体をつくるためには，好き嫌いをしないで何でも食べること」が大切だということを友達に詳しく説明することができた。
■「歯によいおやつ」の学習で，歯科衛生士から学んだことをよく理解し，意欲的に発表することができた。
■「マナーを守って楽しく給食を食べる」の学習では，積極的に発言し，学級での取り組みを表にまとめることができた。
■ 歯科衛生士から学んだことをよく理解し行動に移すことができていたが，ついつい友達に強く言いすぎることもあったので，友達の気持ちも考えるよう気を付けるとよい。

(3) キャリア形成と自己実現

希望や目標をもって生きる

■ 学級での話合いでは，「学級生活づくり」に主体的に関わり，自分の経験や意見を生かそうとすることができた。
■ 学級での係活動に「みんなのための学級」という希望や目標をもち，その実現に向けて日常の生活をよりよくしようと努力することができた。
■ 学級での活動で「みんなが楽しい学級」という目標をもち，日常生活での不安や悩みの解決に向け，よりよい意思決定をすることができた。
■「みんなが楽しい学級」づくりになるように自分の意見を生かそうとしていたが，友達の意見も落ち着いて聞く気配りも大切にしてほしい。

当番活動

■ 清掃などの当番活動や係活動などの自己の役割を自覚して，友達とともに協働することの意義を理解し，主体的に考えて行動することができた。
■ 学級のために友達と力を合わせて働くことの意義を理解し，工夫しながら自分の役割を果たすことができた。
■ 友達と力を合わせて働くことの大切さを意識し，自分のよさを生かしながら，自分の仕事に対して工夫して役割を果たすことができた。

■ 朝や帰りの時間，当番活動を行っている時間などから働くことの大切さやその意義は十分に分かっていたが，地域との連携・協働についても広げていけるとよい。

学校図書館の活用

■「図書館の利用の仕方」の学習では，次に使う人が気持ちよく使うことが大切であることを理解し，正しい本の借り方・返し方を学び，正しく行うことができた。
■ みんなの図書館を気持ちよく使うための約束を進んで考えるとともに，学級のみんなに積極的に働きかけることができた。
■ 図書館の利用についての話合いで，係として約束を提案し，意欲的に活動することができた。
■ 図書係として約束を提案し，図書館のよさについて意欲的に発言していたが，次に使う人が気持ちよく使える配慮が大切なことも，みんなに働きかけてほしい。

児童会活動

(1) 児童会集会活動

■ 学年児童集会では，月のめあてに対する学年としての取り組みを，堂々とみんなの前で提案することができた。
■「6年生を送る会」では，6年生に贈るプレゼントとして，縦割り掃除でお世話になったリーダーに感謝のメッセージを丁寧に書くことができた。
■ 児童集会のときに，1年生の代表として，全校児童の前で学級でがんばってきたことを堂々と発表することができた。
■ 児童会主催のドッジボール大会では，係の指示をよく聞き，友達と共に行動することができたが，ついつい勝ち負けにこだわり周囲の声を聞かなくなってしまったので，周囲の声を聞けるようになるとよい。

(2) 異年齢集団による交流

■ 異学年ペアで行う「ふるさと祭り」では，地域の方々とも仲よく楽しく交流し，意欲的に参加することができた。
■「ふるさと祭り」では，ペア学年の友達と協力して，しっかり活動することができた。
■ 音楽交流会では，ペア学年の合唱の素晴らしさを見つけ，意欲的に意見を発表することができた。
■ 地域の方々とも仲よく楽しく交流した「ふるさと祭り」では，異学年ペアで行動する予定であったが，ややもすると自分だけの楽しみが先行してしまいがちになっていた。友達の楽しみにも目を向けてほしい。

(3) 学校行事への協力

■ 運動会の児童会種目「大玉転がし」の練習では，高学年のリーダーから学んだことを自分の学年で提案し，ミニリーダーとなって取り組むことができた。
■ 縦割りミニ遠足では，「よいこと見つけ」というめあてを達成するために，他学年の友達のよさを進んで見つける努力をした。
■ 宝物発表会に向けて，1年間の歩みをクイズにして楽しく表現できるよう工夫することができた。
■「声と動きをそろえよう」と力を合わせることの大切さを伝えることができたが，周囲の声を聞くことも大切にするとよい。

学校行事

(1) 儀式的行事

■ 2学期の始業式では，2学期のめあてを明確にして全校児童の前で具体的に伝えることができた。

■ 2学期の終業式では，「2学期にがんばったこと」と題して，係で努力したことを作文に書き，全校児童の前で堂々と発表することができた。

■ 3学期の始業式で，「3学期にがんばりたいこと」と題して，主に学習面・生活面で努力していきたいことを作文に書き，全校児童の前で発表することができた。

■ 学期の終わりに努力したことを作文に書き，全校児童の前で堂々と発表することができたが，次の学期までは続かなかった。継続できるようになるとよい。

(2) 文化的行事

■ 音楽鑑賞会で，〇〇楽団のオーケストラを聴いたとき，会場でのマナーを守るとともに私語をしている友達にも呼びかけ，静かに聴くことができた。

■ 演劇鑑賞会では，マナーを守って「〇〇太郎物語」を鑑賞し，感想や心に残った場面を絵に表すことができた。

■ 校内音楽会では，鍵盤ハーモニカの練習に意欲的に取り組み，楽譜を見なくても演奏することができた。

■ 音楽鑑賞会で会場でのマナーを守ろうと呼びかけた態度は素晴らしかった。時間がたってもその気持ちが薄れないように心掛けるとよい。

(3) 健康安全・体育的行事

■ 避難訓練のときには，安全で早く避難するための約束を理解し，私語をしている友達に小声で注意しながら安全に訓練することができた。

■ 運動会の団体種目では，力を合わせるために，互いに声をかけ合うことを提案し練習に励むことができた。

■ 交通安全教室では徒歩での交差点や踏み切りの渡り方などを確実に習得し，学年の手本となった。

■ 運動会の団体競技の「学級対抗リレー」の練習では，自信がないようだった。体育の学習で身に付けたことを練習で意欲的に取り組めるとよい。

(4) 遠足・集団宿泊的行事

■ 遠足の目的地である〇〇公園まで歩き通すことをめあての一つに挙げ，疲れた友達にも励ましの声をかけながら最後まで歩き終えることができた。

■ 遠足での学級遊びではリーダーとして友達に声をかけ，みんなが仲よく楽しむことができるよう働きかけた。

■ 遠足で利用した電車の車内では，「静かにしようよ」と自分から友達に呼びかけ，公園での昼食後，進んでごみ拾いをすることができた。

■ 遠足では，学級遊びでのリーダーとして友達に声をかけ，みんなに働きかけてまとめていた。最後までがんばり続けられるように心掛けるとよい。

(5) 勤労生産・奉仕的行事

■ 全校クリーン運動で通学路の清掃活動をしたとき，溝にたまっていた落ち葉を黙々と集めて袋に入れるなど，進んで活動することができた。

■ 2学期の大掃除では床の汚れを時間いっぱいまで丁寧に水拭きし，学級の仲間の手本になった。

■ 老人ホームを訪問の際には，交流したお年寄りに，心を込めてつくった草花のしおりを手渡しするなど，思いやりのある行動をとることができた。

■ 収穫祭では，お世話になった地域の方々に心を込めた感謝の言葉を発表した。より大きな声を出すことができればさらによい発表になる。

行動に関する所見

趣旨　**基本的な生活習慣**　▶ **安全に気を付け，時間を守り，物を大切にし，気持ちのよいあいさつを行い，規則正しい生活をする。**

安全

■ 交通安全教室で学んだことから，これまでの自分をしっかりと振り返り，自転車の乗り方や交通ルールを守ろうという気持ちをもつことができた。
■ 登校のときには高学年のお姉さんやお兄さんにリードしてもらいながら，登校班で安全に気を付け，仲よく登校することができた。
■ 廊下を走らないことや校舎内での遊び方など，学校のルールを守って，自分だけでなく友達にとっても楽しく安全に過ごすことができることを大切にしていた。
■ 毎日，登校班で班のみんなと仲よく元気に登校することができた。交通ルールや気を付ける場所などを，次の1年生に教えられるような準備を進めてほしい。

時間厳守・時間の活用

■ チャイムを守って行動し，授業の準備もしっかりと整えることができた。自分でけじめのある行動をとることができた。
■ 授業中は，時間の見通しをもちながら，集中して，こつこつと丁寧に学習に取り組むことができた。
■ 全校朝会のときなどには集合時間を守るだけでなく，並んで静かに待つなど，状況を考えて行動することができた。
■ 授業が始まると，とても意欲的で集中して取り組む姿が見られた。時間を守って授業準備なども行い，もっている力を生かしてほしい。

物を大切に，整理・整頓

■ 道具箱の中はいつもきれいに整理・整頓されており，物をなくしたりすることなく，大切に使うことができた。
■ 図画工作の時間の後には，画材用具をいつもきれいに洗って片付けることができた。物を丁寧に扱い，大切にしていた。
■ 机やロッカーの中などは，いつも整理・整頓されていた。物を大切にし，使った後もきちんともとの場所に戻すことができた。
■ 朝の準備や後片付けなど，いつもとても早く取り組み始めることができた。早くできる分，片付け方の工夫を加えていってほしい。

あいさつ・身だしなみ

■ 毎日，きちんとハンカチなどを身に付けることができた。体育の後も，体操服をきれいにたたんで片付けたり，自分の衣服をしっかりと整えたりすることもできた。
■ 登校時には，門のところで元気よく「おはようございます」と校長にあいさつをしていた。誰に対しても進んで自分からあいさつをすることができた。
■ 職員室に出入りするときには，「失礼します」「失礼しました」としっかりとあいさつをしていた。来客にも進んで気持ちのよいあいさつをすることができた。
■「おはよう」と声をかけると，いつもすてきな笑顔であいさつを返してくれた。自分からも「おはよう」とあいさつをして，笑顔をどんどん広げていってほしい。

規則正しい生活

■ 毎日，登校班の時間を守って登校し，宿題もいつも丁寧にしっかりと取り組むことができた。規則正しく生活できていることがうかがえた。
■ 休み時間は友達と元気いっぱいに遊び，学習時間には，集中して意欲的に学習に取り組むことができた。

■ 家庭での学習時間や時間割を合わせる時間を決めることで，忘れ物なく，ゆとりをもって学習に取り組んでいくことができた。

■ 学習時間ではいつも友達と楽しく意欲的に取り組むことができた。宿題など家庭学習も生活のリズムの中に組み込んで取り組む力を伸ばしてほしい。

礼儀正しさ・言葉遣い

■ 来校されたお客様に，丁寧な言葉遣いで話をしたり，職員室に入るときに「失礼します」と言って帽子をとったりするなど，礼儀正しく行動できた。

■ みんなの前で発表するときには，大きな声で「〜です」「〜します」など，丁寧な言葉をつかうことができた。

■ ゲストティーチャーに，丁寧な言葉で質問したり，お別れのときには，心を込めて丁寧にお礼の気持ちを伝えたりすることができた。

■ ゲストティーチャーやお客様に進んであいさつし，親しくなることができた。さらに言葉遣いに心を配ることにも期待したい。

趣旨 健康・体力の向上 ▶ 心身の健康に気を付け，進んで運動をし，元気に生活する。

運動への取り組み

■ 休み時間には運動場に出て，友達と一緒に，ドッジボールや鬼ごっこなど，元気いっぱい体を動かして遊ぶことができた。

■ 鉄棒や一輪車など，学校にあるいろいろなものに挑戦し，できるようになるまで休み時間を使って練習して，どんどん上達することができた。

■ 縄跳びカードを配ると一生懸命に練習していた。マラソン大会の前にも，休み時間に自分で練習を始めるなど，とても意欲的に運動に取り組むことができた。

■ 休み時間は，友達と仲よく教室で過ごしていた。運動場での遊びにも挑戦して，いろいろな遊びを体験してほしい。

食事

■ 給食のときには，残さず何でもしっかりと食べることができた。好き嫌いせず，いろいろな味付けや初めての献立も，楽しみながら食べていた。

■ 嫌いだった野菜も少しずつ食べようと，よく努力していた。だんだんと食べられるようになり，３学期には残さず食べられるようになった。

■ 自分で食べきれる量を調節して，残さずに食べるように気を付けていた。だんだんと食べる量を増やしていくこともできた。

■ 苦手な野菜などは少な目に量を加減するなど工夫して，残さないように気を付けることができた。少しずつ食べる量も増やしていってほしい。

健康管理

■ 休み時間が終わると，うがいや手洗いを欠かさず行うことができた。給食の後も，進んで歯磨きをして，健康に気を付けることができた。

■ 風邪がはやると，うがいや手洗いを気を付けて行ったり，マスクをして予防したりして，自分で健康に気を付けることができた。

■ つめを切ったり，清潔なハンカチを持つように準備したり，毎日の生活の中で健康や衛生に気を配ることができた。

■ 休み時間は，友達と元気いっぱいに外で遊ぶ姿が見られた。汗を拭いたり，衣服を調節したりするなど体調を崩さない工夫を覚えて，さらに元気に毎日遊んでほしい。

遅刻・早退・欠席

■ 3学期間，元気に外でよく遊び，1日も休まずに登校することができた。
■ 暑いときも，寒いときも，天候の悪い日も，長い距離をしっかりと歩いて登校し，1年間欠席せずに過ごすことができた。
■ 理由があって遅刻や早退をするときには，家族の人に連絡ノートを書いてもらい，はっきりと担任に伝えることができた。
■ 学校生活を友達と楽しく過ごすことができた。生活のリズムを整えることに気を付けて，登校時間に毎日元気に登校することを目標にしてほしい。

趣旨　自主・自律　▶ よいと思うことは進んで行い，最後までがんばる。

自主的な行動

■ 自分で毎日漢字の練習をすると決めて，こつこつと取り組み，1年間続けることができた。自分で進んで学習に取り組み，努力を重ねていた。
■ 学級の「遊び係」として，登校するとすぐにみんなに声をかけたり，準備を進めたりと，自分から進んで行うことができた。
■ 困っている友達に声をかけたり，友達どうしのもめごとの話を聞いて仲直りを促したりと，よいと思ったことを自分から進んで行うことができた。
■ 当番や係の仕事など，班の友達と一緒に，丁寧に取り組むことができた。自信をもって，自分から「やってみよう」という気持ちで取り組んでいってほしい。

向上心・目的

■ 学習内容で分からないことがあっても粘り強く取り組み，自分から進んで質問したり，練習問題に取り組んだりするなど，よりよくしようと努力を重ねることができた。
■ 学級会では，「お楽しみ会」をみんなが楽しむことができるように，いろいろなアイデアを出して，学級の雰囲気を高めていた。
■ 難しい，苦手だと思うようなことにも，自分から挑戦し，努力を重ね，自分の力を生かし，伸ばしていくことができた。
■ 興味のあることには，意欲的に取り組むことができた。苦手なことにもどんどん挑戦していってほしい。

判断力

■ 学級の話合いの中で，人数の多い少ないではなく，自分の考えをしっかりともって，みんなに伝えていくことができた。
■ アサガオが枯れそうなことに気付くと，水やり当番ではなくてもそっと水やりをしている姿があった。アサガオを大切に思い，自分にできることを進んで行うことができた。
■ 休み時間など，一人でいる友達に気付くと，声をかけて一緒に遊んでいる姿があった。友達のために自分にできることを考えて行動することができた。
■ 学級会ではよく考えて意見を発表していた。友達を思うあまり考えを言わないこともあったが，自信をもってよいと思うことを発表して，みんなに伝えるようにしてほしい。

趣旨　責任感　▶ 自分でやらなければならないことは，しっかりと行う。

責任の自覚・指導性

■ 係や当番の仕事など任されたことは，責任をもってしっかりと最後までやりとげることができた。

■ 学級の生き物係として，花や金魚の世話に，毎日，登校するとすぐに取り組むなど，任されたことに誠実に取り組んでいた。
■ 遊び係のリーダーに立候補して，係のみんなに声をかけたり，学級遊びを計画したりしてみんなをまとめ，仕事に責任をもって取り組んでいた。
■ 新しいことや興味をもったことに，大変意欲的に取り組んでいた。当番や日直の仕事など，任されたことにも，力を発揮していってほしい。

役割の遂行

■ 教室の掃除などにも，心をこめて，一生懸命に取り組んでいた。ぞうきんがけ担当でも汚れたところを進んできれいにしようとがんばるなど，誠実に取り組んでいた。
■ 日直になると，みんなに授業の準備を促したり，朝の会や終わりの会の司会を自分でしっかりと進めたりすることができた。
■ 音楽会の指揮者に立候補すると，休み時間もたくさん練習して，よく努力していた。本番では，練習の成果が発揮され立派に指揮をすることができた。
■「やってみよう」という気持ちをもって，仕事を引き受ける姿勢が素晴らしかった。練習を重ねたり，時間をかけたりしながら，もっている力を生かしていってほしい。

趣旨　創意工夫　▶ 自分で進んで考え，工夫しながら取り組む。

工夫・アイデア

■ 遊び係として，みんなが楽しめる遊びを考えたり，お楽しみ会を企画したりするなど，みんなのことを考え，工夫しながら係の仕事を進めていた。
■ 図書係として，みんなが楽しむことができるように紙芝居を読んだり，たくさん本を読んだ人にはメダルを渡したりするなど，いろいろなアイデアを出していた。
■ 学級の話合いでは，いつも真剣にみんなのことを考え，いろいろな提案をして，みんなをリードすることができた。
■ たくさんもっているアイデアややってみたいことを，自信をもって，みんなにどんどん伝えていって欲しい。

好奇心・探究心

■ 自分でかるたをつくることを思いつき，文も絵も自分でどんどんかき進め，楽しいかるたを完成させていた。
■ 校庭にある植物の名前に興味をもち，図書室で調べて，みんなに紹介することができた。
■ ゲストティーチャーに，不思議に思ったことや興味のあることを，目を輝かせながらどんどん質問していた。
■ 興味をもったことに「やってみたいな」という気持ちを大切にして，どんどん挑戦していってほしい。

実践に生かす態度

■ 学級遊びを企画し，みんなが楽しむことができるように，何の遊びをしたいかアンケートをとったり，新しい遊びを提案したりしながら進めていくことができた。
■ 発想が豊かで，お楽しみ会を盛り上げるために，出し物や教室の飾り付けの工夫をするなど，楽しい雰囲気をつくり出していっていた。
■ 教育実習の先生のお別れの日に，みんなでプレゼントをつくることを思い付き，話合いをしたり準備を進めたりと努力し，すてきなプレゼントを完成させていた。
■ 発想が豊かで学級の話合いでは，いろいろなアイデアを提案することができた。みんなをリードして，すてきなアイデアをどんどん形にしていってほしい。

趣旨 **思いやり・協力** ▶ **身近にいる人々に温かい心で接し，親切にし，助け合う。**

相手の立場を尊重する

■ 班の話合いでは，自分の考えを言うことができない友達がいることに気付くと，声をかけて，話合いに入り意見が言えるように心を配っていた。
■ クラスの話合いのときには，自分の考えと違う意見の人がいても，友達の意見をしっかりと聞いてから，自分の考えを伝えることができた。
■ 班の話合いでは，班の友達みんなの意見を聞きながら，みんなが納得できることを見つけようとがんばる姿が見られた。
■ 学級や班の話合いでは，自分の意見をしっかりと伝えていくことができた。友達の考えにも心を向けながら，どんどんよりよい考えを生み出し伝えてほしい。

人への親切

■ 忘れ物をした友達に気付くと，そっと貸してあげるなど，友達を大切にする優しい姿が見られた。
■ 欠席の友達がいると心配してお手紙を書いたり，困っている友達の話を聞いたりなど，友達に温かい心で接することができた。
■ 教室を移動するときなど，用意が遅くなっていた友達に，「一緒に行こうね」と声をかけたり用意を手伝ったりする姿が見られた。
■ 友達思いで優しい心の持ち主である。その気持ちを積極的に行動に表して優しい心を学級の中に広げていってほしい。

助け合い・協力

■ 当番の仕事がなかなか終わらなくて大変な友達に気付くと，さっと手伝ってあげたり，みんなに声をかけて手伝うように促したりすることができた。
■ 困っている友達がいると，声をかけたりそっと手伝ったりして，友達に寄り添うことができた。
■ 遊び係が進めるクラス遊びのときには，一生懸命説明を聞いたり，係の指示に従ったりしながら，楽しもう，協力しようという姿勢で取り組むことができた。
■ いろいろなことに手際よく取り組むことができた。段取りを考えて，周りの友達を手伝うこともしてほしい。

感謝の気持ち

■ 友達に心から「ありがとう」と伝えたり，ゲストティーチャーへの手紙を丁寧に心を込めて書いたりして，感謝の気持ちを伝えることができた。
■ 相手が小さい子や知らない人でも，嬉しいときには「ありがとう」と素直な心で感謝の気持ちを伝えることができた。
■ 給食のときに，きちんと「いただきます」とあいさつをして，残さずに食べることができた。つくってくれる給食室の方にも感謝の気持ちを伝えていた。
■ 周りの人の温かい心に触れたとき，とてもうれしそうな笑顔を見せていた。その気持ちを，言葉にして伝えることも大切にしていってほしい。

趣旨　**生命尊重・自然愛護**　▶ **生きているものに優しく接し，自然に親しむ。**

自他の生命尊重

■ 廊下を走らないことや，雨の日の過ごし方に気を付けていた。友達にも「あぶないよ」と声をかけていた。

■ 登校班の班長の指示を守って，安全に気を付けて登校することができた。下校時には，走って帰ろうとする友達に注意する姿も見られた。

■ 朝の健康観察では，自分の健康状態をしっかりと伝えるだけでなく，友達の体調をしっかりと聞いて，心にとめる姿が見られた。

■ いったん興味をもつと，素晴らしい意欲と集中力を発揮していた。周りの状況に気持ちを向けたり，安全にも気を付けたりしながら，力を伸ばしていってほしい。

自分の存在価値

■「いいところさがし」では，友達のいいところだけでなく，自分のいいところをたくさん見つけることができた。

■ 生活科のインタビューでおうちの人に話を聞いたり，生まれた頃のことを調べたりする中で，大切に育てられていた自分を実感することができた。

■ 身長・体重測定のときには，大きくなっていく自分の成長を自覚したり，自分の成長を楽しみにしたりする姿が見られた。

■「いいところさがし」では，友達のいいところをたくさん見つけることができた。自分の「いいところ」もたくさんあることに，目を向けていってほしい。

動植物への愛情

■ 教室で育てている花の水やりを，毎日欠かさず行っていた。世話をする中で，花の小さな成長にも気付き喜ぶ姿があった。

■ 校庭に咲いているいろいろな草花に興味をもち，いろいろな草花を見つけていた。「きれいでしょう」と友達にも教えていた。

■ 校庭の小さな生き物を見つけて，観察をしていた。観察が終わるとそっと逃がしてやるなど，小さな命を大切にすることができた。

■ 校庭でいろいろな昆虫を見つけては，教室に持ってきて，みんなに見せてくれていた。えさや飼い方についても調べるようになってほしい。

自然環境保護

■ きれいな花が咲いたことや，ツバメの巣を見つけたことを知らせてくれた。身近な自然に心を向け，大切に思っていることが感じられた。

■ ごみを食べて命を落とした動物のニュースを知ってから，落ちているごみを拾ってごみ箱に捨てるなど，命を守ろうとする姿が見られた。

■ 手洗い場の水道の蛇口から水が出たままになっているのを見つけると，いつでもさっと締めに行き，水を大切にしようとしていた。

■ 校庭でいろいろな昆虫やきれいな花を見つけたときは，みんなに知らせていた。小さな命や自然を大切にすることを考えることにつなげていってほしい。

趣旨 **勤労・奉仕** ▶ **手伝いや仕事を進んで行う。**

積極的な行動

■ 給食当番や掃除当番など，自分から進んで仕事を引き受けて，みんなのために一生懸命に取り組んでいた。
■ 困っている友達がいると，自分から声をかけて手伝ったり教えたりして，友達のために一生懸命関わっていく姿が見られた。
■ 教室の鉛筆削りにごみがたまっているときれいにしたり，本箱を整理・整頓したりして，進んでみんなのために働くことができた。
■ 困っている友達がいると，気付いて知らせてくれた。自分からも声をかけて，優しい気持ちを友達に届けてほしい。

手伝い

■ 給食当番に欠席があると進んで当番を引き受けて，早く準備ができるようにして，みんなのためにがんばる姿が見られた。
■ 当番や係の仕事など，自分の仕事が終わると，終わっていない友達のところへ行って力を貸すことができた。
■ 学級の荷物を運んだり配り物をしたりするときなど，学級の仕事をいつも気持ちよく引き受けて，みんなのためによくがんばっていた。
■ 当番や係の仕事など任されたことを，一生懸命取り組むことができた。友達への手助けもどんどんして，みんなを支えてほしい。

当番・係の遂行

■ 日直のときには，しっかりとみんなをリードしてあいさつをしたり，終わりの会の司会をしたりすることができた。任されたことに責任をもって誠実に取り組んでいた。
■ 遊び係として，みんなが楽しめる遊びを企画したり，一番に運動場へ出て準備をしたりして，一生懸命に取り組んでいた。
■ 給食当番のときには，おかずが残らないように気を付けて配ったり，配ぜん台にこぼれたものを丁寧に片付けたりして，任されたことに誠実に取り組んでいた。
■ 遊び係として，みんなをリードしてがんばる姿が見られた。当番の仕事など苦手だな，面倒だなと思うことにも，力を発揮していってほしい。

グループ・集団学習

■ 1年生とのグループ学習では，1年生のことを気遣って，声をかけたり手伝ったりしながら，みんなで楽しく学習できるように力を発揮していた。
■ 班学習のときには，机を並べたり道具を用意したりして，みんなのために進んで準備を進めていくことができた。
■ 班学習のときには，忘れ物があったり，物がたりなかったりして困っている友達がいると，快く自分の物を貸して一緒に使いながら，仲よく学習を進めていくことができた。
■ 班学習のときには，自分の考えをみんなにしっかりと伝えることができた。班の友達の考えを聞いたり，手伝ったりしながらリーダーシップを発揮していってほしい。

ボランティア活動

■ 地域での空き缶集めボランティアに協力し，家族や知り合いにも声をかけてたくさん集めていた。受け渡しのとき，相手の笑顔を見て，自分の行いのよさを実感していた。
■ 学校のトイレのスリッパが散らばっていると，一足ずつきれいそろえておくなど，後から使う人のことを考えた心遣いができた。
■ 学級の代表として，児童会の高学年と一緒に1週間，毎朝募金の呼びかけをすることができた。募金の説明を聞き自分にできることに一生懸命取り組んでいた。

■ テレビのニュースなどから，ボランティア活動に興味をもつことができた。身近にできることから，どんどん挑戦していってほしい。

趣旨 **公正・公平** ▶ **自分の好き嫌いや利害にとらわれないで行動する。**

公正な判断

■ 話合いのときなど，自分の好き嫌いや損得に関係なく，よいと思うことや正しいと思うことを大切にして，考えることができた。
■ 仲のよい友達から誘われても，よく考えて，いけないと思うことは，自分の考えを伝えたり断ったりすることができた。
■ ドッジボールのときにはみんなが嫌な思いをしないように，ルールをもとに，みんなに同じように声をかけ，判定をし，みんなが楽しくゲームをできるようにしていた。
■ 話合いのときなど，自分の考えをしっかりとみんなに伝えることができた。自分と違う意見も大切にしながら，みんなをどんどんリードしていってほしい。

公正・公平な行動

■ 困っている友達がいると，声をかけたり手伝ったりして，誰に対しても優しい心で接することができた。
■ 友達がけんかをしていると，話を聞いてお互いが悪かったところを丁寧に伝えて仲直りができるように働きかけることができた。
■ 班の話合いのときには，誰に対しても優しく声をかけ，みんなが意見を言える雰囲気をつくり，みんなが楽しく話合いを進められるようにリードすることができた。
■ 友達が困っていると，さっと声をかけたり手伝ったりしていた。班の友達にも，その優しい気持ちを広げていってほしい。

正義感

■ 学級の話合いで，たとえ自分一人だけの意見であっても，自分が正しいと思ったことは，しっかりと伝えていくことができた。
■ 遊びのルールを守らない友達に，「だめだよ」と声をかけたり，ルールを丁寧に教えたりすることができた。
■ 友達に対しても，「いけないことはいけない」と，勇気をもってしっかりと伝えていくことができた。
■ 班の話合いでは，友達の考えをしっかりと聞き，よく考えていた。自分が正しいと思う意見は自信をもって，しっかりと伝えられるとよい。

趣旨 **公共心・公徳心** ▶ **約束やきまりを守って生活し，みんなが使うものを大切にする。**

きまり・規則の遵守

■ 廊下を走っている1年生に「ぶつかるとあぶないよ」と優しく注意するなど，上の学年として1年生にきまりを守ることの大切さを伝えることができた。
■ 学校生活のきまりをしっかりと覚えて，チャイムや教室での過ごし方など，進んできまりを守って過ごすことができた。
■ 友達に「廊下は走ったらだめだよね」と声をかけるなど，みんなできまりを守っていこうという姿が見られた。
■ 学校のきまりをしっかりと覚えることができた。自分がきまりを守るだけでなく，友達にも，どんどん働きかけていってほしい。

公共物の利用

■ 遠足で電車に乗ったときには，みんなで話し合ったきまりを守り，静かに過ごすことができた。いろいろな人が電車に乗っていることを考えた行動ができた。
■ 学級の鉛筆削りをきれいにしたりボールなどを片付けたりするなど，自分のものだけでなく，みんなで使うものも大切にしていくことができた。
■ 学級文庫の中から自分が取り出した本をもとの所に片付けたり，出しっぱなしの本を進んで片付けたりするなど，みんなが読む本を大切にしようと心掛けることができた。
■ 学級の昔遊びの道具で，みんなと仲よく遊ぶことができた。次に使う人のために，みんなで協力して片付けができるように，リードしていってほしい。

集団秩序

■ 休み時間に一輪車やブランコで遊ぶときには，順番を守って，交代しながらみんなで仲よく遊ぶことができた。
■ 道具がたりないときには，順番を決めたり譲り合ったりして，みんなで仲よく使えるように考えて声をかけていくことができた。
■ 当番の役割決めなど，班のみんなをリードし，一人ひとりのやりたいことを聞きながら，みんなで話し合って決めることができた。
■ 休み時間には，いつも元気いっぱい友達と遊具を使って遊ぶことができた。違う学年の人とも仲よく遊ぶことができるように，考えたり工夫したりしてほしい。

文化・伝統への思い

■ ALTの先生に積極的に英語であいさつをして話をしたり，他の国のことを教えてもらったりする中で，他の国のことを知りたいという気持ちが高まっていた。
■ 校長先生から校歌をつくった人や歌詞に込められた願いなどの話を聞く中で，校歌を大切に思い，一生懸命に心を込めて歌う姿が見られた。
■ 地域のお年寄りから昔の遊びを教えてもらうと，友達と一緒に夢中になって遊び，どんどん上手になっていっていた。
■ 友達と一緒に，昔のおもちゃで楽しく遊ぶことができた。地域のお年寄りの話も聞いて，私たちの住む町のことをたくさん知っていってほしい。

行動に関する全般的な特徴など

性格と行動

■ 困っている友達がいると，声をかけたり寄り添ってあげたりしていた。友達思いの優しい心の持ち主である。
■ 苦手だなと思うようなことにも，こつこつと努力を重ねていた。何事にも目標をもって意欲的に取り組むことができた。
■ いろいろな仕事に立候補して力を発揮していた。遠足では，グループリーダーになり，みんなをまとめ，しっかりとリードすることができた。
■ 明るく朗らかで休み時間はいつもたくさんの友達と元気いっぱい遊んでいた。学習場面でも自信をもってどんどん考えをみんなに伝えていってほしい。

信頼度

■ 当番や係の仕事など，任されたことに一生懸命に取り組むことができた。みんなからも，頼られる存在である。
■ 学級の話合いのときなど，みんなのことを考えた意見を発表したり，友達に優しく接したりする姿から，みんなから慕われ信頼も厚い存在である。
■ 1，2年生合同遠足のときには，班の1年生を優しくサポートしたり，困っている友達を手伝ったりするなど，班のみんなをしっかりと支え，みんなから頼られていた。

■ いろいろなことに「やってみたい」という気持ちで向かうことができた。友達に教えるなど，もっている力をみんなのために生かしてほしい。

不登校

■ だんだんと生活リズムが整い登校する時間が早くなり，登校班で登校できるようになった。休み時間には，友達と話をしたり遊んだり，笑顔をたくさん見ることができるようになった。

■ 仲のよい友達とクラスが離れ，不安から登校しにくい時期があったが，少しずつ新しいクラスにも慣れ，友達の輪も広がり，学校生活を楽しむことができた。

■ 担任と相談しながら，学習や休み時間の目標を決めたり計画を立てたりして，相談室で学習を進めることができた。計画を実行しようとよく努力していた。

■ 教室での学習に不安がありながらも，個別学習ではこつこつとよく努力し，力を伸ばすことができた。自信をもって学級で過ごしてほしい。

児童の特徴・特技，学校内外に関する諸事項等

特　徴

個性

- 誰に対しても穏やかに明るく接することができた。学級会や話合いなどにおいては，友達の意見を熱心に聞いたり，自分の考えを分かりやすく伝えたりして，友達の手本となることができた。
- 植物への関心が高く，学級花壇の水やりや教室の観葉植物の世話を積極的にすることができた。
- 困っている友達に声をかけたり，けがをしている友達を保健室に連れて行ったりするなど，優しく人と接することができた。

趣味

- 読書が好きで，休み時間に積極的に図書室で本を借り，日記に感想を書いて提出した。夏休みの校内読書感想文大会では佳作賞に選出された。
- 体を動かすことを好み，特にうんていの練習に毎日取り組んでいた。自分が決めた目標を達成するまでは放課後も残って練習し，努力を重ねた。
- 人前で話すことが好きで，学級集会では落語を披露した。動きや言い回しなどをどのようにすればよいか練習し，友達から大きな拍手をもらうことができた。

特　技

一般

- 読書が好きで，1か月に平均20冊の本を読んでいる。学年でのビブリオバトルでは，本の内容を分かりやすく友達に説明し，クラス代表に選出された。
- 珠算塾に通っており，計算が速く，2位数の加法・減法は暗算で素早く正確に答えを出すことができた。
- 英会話教室に通い，簡単なあいさつは英語で話すことができる。外国人来校者にも積極的に声をかけ，話すことができた。

スポーツ

- 地域のドッジボールチームに所属している。土・日曜日の練習には休まず参加し，熱心に練習しているため技能が向上してきた。クラス対抗ドッジボール大会ではクラスの優勝に貢献した。
- 縄跳びが好きで，高度な技の習得に向けて休み時間に積極的に練習を行っている。二重跳びは30回を超える回数を跳ぶことができ，技能がさらに向上してきた。
- 就学前からスイミングスクールに通い，泳力を身に付けている。○○大会にも参加し，上位入賞を果たした。

芸術

- 絵を描くことが好きで，友達の特徴を捉えて似顔絵を丁寧に描くことができる。学級集会では「似顔絵屋さん」を開き，多くの友達や先生の似顔絵を描き，プレゼントすることができた。
- 地域の合唱団に所属し，熱心に歌の練習に取り組んでいる。音楽集会ではいつも大きな声で歌い，友達のよい手本となっていた。
- 就学前からピアノを習い，楽譜を見て音符を読んだり，リズムをとったりすることができ，音楽集会では伴奏を担当した。

学校内外の奉仕活動

ボランティア活動

・地域の公園清掃活動に毎回参加し，積極的に活動している。登下校の途中でも道路に捨ててある空き缶を進んで拾うことができた。
・ベルマークを集め回収日を楽しみにしている。また，トレー回収にも参加し，家のトレーの汚れを落として学校に持って来るなど，積極的に活動に参加することができた。
・月に一度の運動場草刈り活動に参加し，校内美化に関心をもって行動することができた。

人との交流（高齢者・障がい者）

・校外学習で電車に乗車した際，目の不自由な方を席に案内したり，下車する際に声をかけたりするなど，思いやりのある行動をとることができた。
・デイサービスを訪問した際，一緒に折り紙を折ったり車いすを押したりして，積極的に高齢者に関わることができた。
・地域清掃に参加したときに車いすの方に声をかけ，一緒に清掃をしたり車いすを押したりして，一緒に活動をする喜びを感じながら関わることができた。

表彰を受けた行為や活動

表彰

・市の絵画展に出品した「鍵盤ハーモニカをふくわたし」の絵が，市の代表として県展に選ばれ表彰された。
・「動物愛護週間のポスターコンクール」に応募した作品が入賞し，全国表彰された。この作品は，動物愛護PRとして使われた。
・読書感想文コンクールに応募した作品が入賞し，読書感想文の冊子にも掲載された。

感謝状

・植物に関心が高く，「花いっぱいプロジェクト」に積極的に参加した。友達と共に育てた花を地域の商店街に寄付し，感謝状を贈呈された。
・公園で迷子になっていた幼児を交番に連れて行き，両親に大変感謝されるとともに，数日後，この行為に対し，警察署より感謝状が贈られた。
・高齢者施設を友達と自主的に訪問し，一緒に体操をしたり歌を歌ったりして，積極的に関わった。このことにより，入所者や施設の方から感謝状を贈呈された。

優勝・入賞

・マラソンを毎朝続け，体力をつけることができた。その練習の成果として，校内のマラソン大会の低学年の部において優勝した。
・市内の小学校読書感想文コンクールで入選し，その作品は市の感想文集に掲載された。
・絵を描くことが好きで，躍動感のあるタッチで運動会で踊る自身の絵を描き，市内の絵画コンテストで入選した。

知能や学力等について標準化された検査の結果

知能検査

・令和○年○月○日　○○式知能検査を実施。SS○○。
・令和○年○月○日　○○式知能検査を実施。知能偏差値○○。思考力や記憶力に優れている。

学力検査

・令和○年○月○日　○○式標準学力検査を実施。正答率国語○○％，算数○○％。思考力が優れている。
・令和○年○月○日　○○式観点別学力検査（国語・算数）を実施。国語では理解力，算数では思考力が優れている。

行動・性格検査

・令和○年○月○日　○○式○○検査を実施。社会性・社交性が豊かである。
・令和○年○月○日　○○式○○検査を実施。明るく，失敗してもくよくよと悩まない性格である。

道徳性検査

・令和○年○月○日　○○道徳性検査を実施。相手の立場になり，温かく接していこうとする気持ちをもっている。
・令和○年○月○日　○○道徳性検査を実施。友達との友情を大切にし，自分のことよりもまず人のことを考えようとしている。

スポーツテスト

・令和○年○月○日　体力テストを実施。ボール投げで全国平均を上回る素晴らしい記録を出している。
・令和○年○月○日　スポーツテストを実施。持久力に優れている。

その他指導上参考となる諸事項

通級

・中国より来日したばかりで，日本語での意思疎通はまだ難しいが，日本語の個別指導を週に3時間受けており，あいさつや簡単な会話はできるようになってきた。
・読み書きの力の不十分な面を補うため，国語の学習を通級の時間に行った。通級においては読み書きのみならずコミュニケーション力の向上を図る学習を行い，意思疎通がスムーズにできるようになり，読み書きの力も高まってきた。
・保護者の希望により，計算力の不十分な面を補うために，算数の学習を通級の時間に行った。1年間の通級で計算力が高まってきた。

言語学級

・不明瞭な発音があったため，保護者の希望により週2回ことばの教室に通い発音指導を受けた。
・タ行，ラ行などの発音が不明瞭になるため，保護者の希望により週2時間言語学級に通い，発音の指導を受けた。
・吃音（きつおん）があり発音が不明瞭になる場面があるため，保護者の希望により週4時間言語学級に通い，遊びを取り入れながら発音の指導を受けた。

留学・帰国子女

・令和○年○月，インドの日本人学校から編入学。日常会話に支障はなく，学級の仲間とも打ち解けることができた。
・令和○年○月，アメリカから編入学。日常会話程度の日本語はでき，明るく積極的に友達に声をかけるため，すぐに友達ができ学校生活に慣れることができた。
・令和○年○月，保護者の仕事の都合で3年間在住した中国から帰国し編入学。日本語が話せ，保育所時代の友達もいたため，すぐに仲間と打ち解けることができた。

外国籍

- 令和○年○月，カナダから編入学。カナダ国籍である。日本語は話せないが，10か月間で日常会話や平仮名の読み書きができるようになった。
- 令和○年○月，保護者の仕事の関係で，ブラジルから編入学。ブラジル国籍である。あいさつ程度の日本語はできたが，会話は理解できていなかった。個別指導と学級の仲間との関わりにより簡単な日常会話が理解でき，意思疎通が図れるようになった。
- 令和○年○月，韓国からの編入学。韓国国籍である。父親が仕事の関係で日本語が堪能であり，本人も日常会話は理解できた。半年で平仮名や片仮名の読み書きができるようになった。

宗教

- ○○教を信仰している。1月に校内で開催された「とんど祭り」には校舎内待機を保護者が希望したため，参加しなかった。
- ○○教を信仰しているため，運動会の応援合戦や入学式・卒業式の国歌斉唱には参加しなかった。
- ○○教を信仰している。お守りを常に身に付けており，健康診断時や校外学習時は，事前に保護者へ連絡を入れておくなどの配慮をした。

その他（氏名変更・通学など）

- 令和○年○月，両親が離婚。母親の籍に入籍。父親が子どもとの面会を希望して来校した際は，必ず母親に連絡し判断を仰ぐよう共通理解を図った。
- 慢性の股関節脱臼があるため，激しい運動は見学している。体育における新しい種目や運動会，校外学習時は事前に保護者に連絡を入れ共通理解を図るなどの配慮をした。
- 聴力障がいがあるため，補聴器を使用している。話す人の口の動きと声により会話を理解するため，学級の仲間の支援や座席の位置を配慮した。

児童の成長の状況にかかわる総合的な所見

交友関係の進歩

- ■当初は友達に誘われて外へ遊びに出て行っていたが，ドッジボールで活躍したことをきっかけに，自分から友達を誘って遊びに出て行くことができるようになった。
- ■当初は休み時間に特定の友達といることが多かったが，「みんな遊び」などの学級活動を経験するうちに，いろいろな友達と休み時間を過ごす場面を増やすことができた。
- ■よりよい人間関係を築いていこうと，友達のよさを進んで認め，先入観なく接することで仲間を増やすことができた。
- ■学級の活動では，いろいろな仲間と協力して活動を進めることができた。次学期（年度）は，休み時間などでも，いろいろな仲間と楽しく過ごす姿を期待している。

学習姿勢の成長（自ら学ぶ姿勢の進歩）

- ■当初は友達の発表に耳を傾けることが少なかったが，周りの友達が自分の話に耳を傾けてくれる姿を見て，発表者の方を見て落ち着いて話を聞く機会を増やすことができた。
- ■みんなの前で発表することが苦手だったが，友達に自分の意見のよいところを認めてもらったことがきっかけで，自信をもって発表することができた。
- ■板書の内容をノートに書き写すことが乱雑だったが，丁寧な字で見やすくまとめられている友達のノートを見て，自分から丁寧さを意識してノートに書き写すことができた。
- ■みんなの前で，自分の意見を発表する場面が増えてきた。次学期（年度）は，声の大きさや目線など，さらに聞き手を意識した発表をする姿を期待している。

集団への適応

- ■班活動では自分の思いが伝わらず，活動に参加できない場面があったが，仲のよい友達に声をかけてもらいながら，他の仲間の意見を素直に聞く場面を増やすことができた。
- ■自分のことよりも先に，仲間や学級の活動を優先して取り組み，常に相手の立場に立って行動したり意見を言ったりする場面を増やすことができた。
- ■当初は学級や学年での活動に消極的だったが，周りの友達に声をかけてもらいながら，前向きに活動に参加する機会を増やすことができた。
- ■自分のやるべきことは果たそうとする場面が増えてきた。次学期（年度）は，さらに周りの友達のペースも意識する場面が増えていくことを期待している。

協調性の発達

- ■気が合わない友達だとすぐに言い争いをすることがあったが，本人に自分の姿を振り返らせる指導を重ねた結果，徐々に相手の言い分も聞くことができるようになってきた。
- ■自己主張を貫いて周りの友達とトラブルになることが多かったが，徐々に自分の至らなさに気付き，落ち着いて相手に接することができるようになってきた。
- ■「自分ができていればそれでよい」という態度を取ることがあったが，友達から温かく関わってもらううちに，困っている友達を助けることができるようになった。
- ■自分に非がある場合は，相手に謝ることができている。次学期（年度）は，さらに，次にどのような行動をとるべきかを相手に提案できる姿を期待している。

リーダー性の成長

- ■友達の推薦があっても集団を引っ張ることに消極的だったが，任された仕事を確実にやり切ることを周囲から認められたことで，少しずつ仲間より率先してできるようになった。
- ■自らの立候補ではなく，学級の仲間からの推薦で選ばれた班長であったが，次第に自覚をもち，進んで仕事ができるようになったことから，みんなの信頼を得ることができるようになった。

■ 当初は，友達の協力で何とか学級での話合いの進行を行っていたが，慣れていくうちに，徐々に自分で「～はどうですか」などと提案しながら進行していけるようになった。

■ 係活動などでは，自分に与えられた仕事は責任をもって果たすことができている。次学期（年度）は，さらに，周りの友達に声をかけながら率先して活動を進めていく姿を期待している。

学び方の改善（学習意欲）

■ 当初は宿題をやり遂げてくることが少なかったが，保護者の了解のもと，放課後に学習することを続けたところ学ぶ楽しさを覚え，家庭で宿題をやり遂げることができるようになった。

■ 一人で学ぶことが苦手だったが，班の友達や教師の励ましを受けながら，少しずつ諦めずに自力で学習に取り組むことができるようになった。

■ ノートをまとめることが苦手だったが，簡潔にまとめられている友達のノートを見て，「めあて→分かったこと→まとめ」の順番に，見やすくまとめることができるようになった。

■ 友達や教師の声がけを受けながら，学習課題に取り組もうとすることができている。次学期（年度）は，自ら率先して，学習課題に取り組む姿を期待している。

総合所見及び指導上参考となる諸事項

中学年

各教科の学習に関する所見

〔凡例〕■ 児童の優れている点や長所，進歩の状況を表す文例
■ 努力を要する点に対して，今後の学習や行動を方向付ける文例

国語　第3・4学年

趣旨　知識・技能

▶ **日常生活に必要な国語の知識や技能を身に付けているとともに，我が国の言語文化に親しんだり理解したりしている。**

■ 相手を見ながら話したり聞いたりするとともに，言葉の強弱や抑揚などに気を付けて話すことができた。

■ 様子や行動，気持ちや性格を表現するために語句の量を増やし，話や文章の中で正しく使うことができた。

■ 主語と述語との関係，修飾語と被修飾語との関係，指示語や接続詞の役割などを意識して話したり書いたりすることができた。

■ 文章全体の構成や内容を理解したり，登場人物の心情や気持ちの変化を考えたりしながら，黙読や音読ができた。

■ 文章で表現するときには，考えとその理由や事例，全体とその中心，情報と情報との関係などを考えることができた。

■ 言葉の違いを比較したり，同じ意味の言葉を分類したりするときに，辞書や辞典を使うことができた。

■ 易しい文語調の短歌や俳句を音読したり，ことわざや慣用句，故事成語などの意味を考えて使ったりすることができた。

■ 漢字がへんとつくりで構成され，部首とその他の部分から成り立っていることを知り，漢字の仲間集めができた。

■ ローマ字での表記では，bとd，mとnなどの表記の区別ができるようになることがこれからの課題である。

■ 丁寧な言葉遣いで話したり書いたりしようとしているが，まだ敬体と常体が混じってしまうときがあるので語尾に気を付けて表現するように心掛けてほしい。

趣旨　思考・判断・表現

▶ **「話すこと・聞くこと」，「書くこと」，「読むこと」の各領域において，筋道立てて考える力や豊かに感じたり想像したりする力を養い，日常生活における人との関わりの中で伝え合う力を高め，自分の思いや考えをまとめている。**

■ 目的を意識して話題を決め，必要な事柄を調べて伝えたい内容を相手によく分かるように選んで話すことができた。

■ 相手に伝わるように，理由や事例を入れながら，話の中心が明確になるよう話の構成を考えて話すことができた。

■ 話合い活動では，メモを取りながら話の要点を捉えて聞き，質問をしたり感想を述べたりすることができた。

■ 考えの共通点や相違点を考えながら筋道を立てて話したり，進行に沿って話の中心に気を付けて聞いたりしながら，話し合うことができた。

■ 見たことや聞いたことを少しでも分かりやすくしようと，修飾語を工夫したり，段落相互の関係に注意したりして書くことができた。

■ 段落相互の関係に着目し，筆者の考えや根拠となる事例などの関係を叙述を基にして読み取ることができた。

■ 目的を意識しながら中心となる語や文を捉え，段落相互の関係を考えて文章を要約することができた。

■ 登場人物の気持ちの変化や性格，情景などを読み取り，読み取ったことを伝え合い，一人ひとりに感じ方の違いがあることに気付くことができた。

■ 話の中心を伝えようと意識し，言葉の抑揚や強弱，間の取り方などを工夫して話そうとしているが，相手の反応に合わせて自分の考えを伝えられるようになるとよりよい。

■ 友達の文章を読み，表現の仕方や書き出しなどよいところを見つけて取り入れようとしたり，文章の間違いを正そうとしたりできるようになるとよい。

趣旨　主体的に学習に取り組む態度

▶ **言葉を通じて積極的に人と関わったり，思いや考えをまとめたりしながら，言葉がもつよさに気付こうとしているとともに，幅広く読書をし，言葉をよりよく使おうとしている。**

■ 調べたことを報告したり，詩や物語を書いたりする活動に進んで取り組もうとしていた。

■ 話の中心に気を付けて聞いたり，筋道を立てて話したりすることに対する意欲が高まってきた。

■ 調べたことや分かったこと，感じたことを，表現を工夫しながら文章に書いて，いろいろな人に分かりやすく伝えようとしていた。

■ 文章から読み取った内容について自分なりの考えをもち，発表し合うことで一人ひとりの感じ方の違いに気付くことができた。

■ 進んで図書館に行き，意欲的に読書し，物語や詩に加え説明的な文章や報告の文章など，目的に応じた読書をすることができた。

■ 考えの共通点や相違点を考えながら，筋道を立てて話すことはできているが，進行に沿って話の中心に気を付けて話し合うことにはまだ課題がある。

■ 見たことや聞いたことを少しでも分かりやすく伝えようとしているが，修飾語を工夫したり，段落相互の関係に注意したりして，書き方の工夫ができるようになるとよい。

社 会　第3学年

趣旨　知識・技能

▶ **身近な地域や市区町村の地理的環境，地域の安全を守るための諸活動や地域の産業と消費生活の様子，地域の様子の移り変わりについて，人々の生活との関連を踏まえて理解しているとともに，調査活動，地図帳や各種の具体的資料を通して，必要な情報を調べまとめている。**

■ 地図記号に興味をもって調べ，市の様子について，地図記号を基に道路や住宅，農地，公共施設など市全体の様子をつかむことができた。

■ 市内の工場を見学し，自分たちがつくった製品を喜んで使ってくれることが嬉しいという働く人たちの思いを知ることができた。

■ なぜ，スーパーマーケットに多くの人が買い物に来るのか疑問にもち，調べる計画を立て，見学やインタビューを通して，疑問を解決することができた。

■ 学校のそばにある畑に関心をもち，農家の人へのインタビューを通して，季節で違う野菜を育てている農家の人の工夫を理解することができた。

■ 火事から暮らしを守る学習で，消防署の見学や聞き取りから，素早く現場にかけつけるための様々な工夫を見つけることができた。

■ 事故や事件から暮らしを守る学習で，交番の見学やおまわりさんにインタビューをした。まとめの新聞づくりで，聞き取ったり考えたりしたことを生かして表現することができるようになるとよい。

■ 市の移り変わりの学習で，市役所の人に聞き取りをするため教室でインタビューの練習をしたが，本番では聞きたいことの半分も聞けず残念だった。

趣旨　思考・判断・表現

▶ **地域における社会的事象の特色や相互の関連，意味を考えたり，社会に見られる課題を把握して，その解決に向けて社会への関わり方を選択・判断したり，考えたことや選択・判断したことを表現したりしている。**

■ 市の様子の学習で，100年前の地図と現在を比べ，様子が大きく変わってきたことを捉え，これから市の様子がどのように変わっていくかを考えることができた。

■ 校区にあるスーパーマーケットの見学で，お店の人にインタビューして，苦労や工夫について考えたことを，グループで話し合い，考えをまとめることができた。

■ 農家の仕事の学習で，農家の人の願いについて考え，新鮮でおいしい野菜を届けるために工夫していると発表することができた。

■学校の防火設備を調べ，校舎内で火事が起きたことをすぐに発見でき，避難できるように工夫されていることを見つけ，発表することができた。
■市の人口の移り変わりのグラフと50年前の写真を見て，人口が増えたことと街の様子が変わったことを関連付けて考えることができた。
■学校の屋上から周りの様子をスケッチした。細かいところに関心が向き，学校の周りを概観することは十分にはできなかった。
■工場見学で製品ができるまでの工程を調べた。まとめの新聞づくりで，工程は詳しくまとめられたが，見つけた工夫や考えたことを十分に書くことができなかったことは残念だった。

趣旨　**主体的に学習に取り組む態度**

▶ **地域における社会的事象について，地域社会に対する誇りと愛情をもつ地域社会の将来の担い手として，主体的に問題解決しようとしたり，よりよい社会を考え学習したことを社会生活に生かそうとしたりしている。**

■校舎の屋上から学校の周りの様子を見た。学校の南と北とでは随分様子が違うことに気付き，町全体はどのようになっているか調べたいなどと，めあてを立てることができた。
■農家の仕事について，自分の家の隣にある畑のおじさんから聞いた作物づくりの工夫の話をみんなに紹介し，学級全員の学習への意欲を高めることができた。
■店で働く人の学習でお店の人に聞き取りをしながら，お店の人の苦労や工夫に関心をもち，続々と質問をすることができた。
■火事から暮らしを守る学習で消防署の見学を計画した。新聞づくりでは，聞き取ったことだけでなく自分で調べたことも取り入れてまとめることができた。
■50年前の市の様子の学習で，調べる計画を立て，祖父母に聞き取りをして当時使っていたものや写真をたくさん集め，学級での話合いに積極的に参加していた。
■工場見学をした。製品ができる様子が面白く，しっかり見ていたが，工場の人の話をあまり聞けていなかったのが残念である。考えたことをまとめる学習を大切にしてほしい。
■暮らしの移り変わりを調べる学習で，郷土資料館の見学をした。事前に下調べをしたが，見るものが定まらず，友達の後を付いて何となく見て回っていたことが残念だった。

社会　第4学年

趣旨　**知識・技能**

▶ **自分たちの都道府県の地理的環境の特色，地域の人々の健康と生活環境を支える働きや自然災害から地域の安全を守るための諸活動，地域の伝統と文化や地域の発展に尽くした先人の働きなどについて，人々の生活との関連を踏まえて理解しているとともに，調査活動，地図帳や各種の具体的資料を通して，必要な情報を調べまとめている。**

■県の地図を見て，河川や山があること，北と南では様子が違うこと，道路網や鉄道網の広がりなどに着目し，県の様子を大きくつかむことができた。
■暮らしの中の水の学習で，浄水場を見学した。水がきれいにされる仕組みや働く人の願い，よりおいしい水を目指して研究が進められていることを新聞にまとめることができた。
■自然災害から暮らしを守る学習で，いつ起きるか分からない地震に備え，自分たちができること，住民が助け合うこと，市役所がすることなど様々な準備が進められていることを理解することができた。
■県内には伝統的工芸品をつくり続けている町があり，伝統的な技術を生かして新しい製品づくりにチャレンジしていることを知ることができた。
■○○市にはたくさんの外国の方が暮らしており，学校でも外国の文化を学ぶなど，町全体で国際交流が盛んに行われていることを知ることができた。
■郷土の祭りについての学習で，祭りのおこりや実際の様子を調べた。まとめの新聞には，祭りに参加したときの様子だけでなく，参加者の願いや自分の考えをもっと書けるとよい。

■ 県内には古い街並みを大切に保存している地域があることを学習し，ガイドブックにまとめた。自分が関心の強かったことが中心になってしまい，学習したことの一部しか生かせなかったことは残念だった。

趣旨 **思考・判断・表現**

▶ **地域における社会的事象の特色や相互の関連，意味を考えたり，社会に見られる課題を把握して，その解決に向けて社会への関わり方を選択・判断したり，考えたことや選択・判断したことを表現したりしている。**

■ 水の使用量の移り変わりのグラフから，人口が変わらないのに使用量が減っていることについて，生活の仕方が変わってきたのではないかと考えることができた。
■ ごみの量の変化のグラフを見て，以前に比べて近年は増え方が少なくなっていることを捉え，リサイクルの技術が進歩してきたのではないかと考えることができた。
■ 地震，台風，火山の噴火など自然災害の多い国土に暮らしている自分たちは，正確な情報を手に入れ，避難するなど自分の責任で行動しなければならないと考えることができた。
■ 郷土の発展に尽くした先人の学習で，当時の人々が実際に行ったことを調べ，郷土の発展に取り組んだ先人の思いや願いを考えることができた。
■ 古い街並みが残されている地域について調べ，古いものを大切に次の世代に引き継いでいきたいという人々の願いについて考えることができた。
■ 県の様子について調べたことを基に，県の特色について話し合った。たくさん調べていたことを，グループで考えをまとめる学習で積極的に自分の考えを伝えてほしかった。
■ 国際交流を進めている地域についての学習で，交流の内容についてしっかりと調べた。他国の文化への関心が高かったが，人々の思いや願いについて深く考えられなかったことは残念だった。

趣旨 **主体的に学習に取り組む態度**

▶ **地域における社会的事象について，地域社会に対する誇りと愛情をもつ地域社会の将来の担い手として，主体的に問題解決しようとしたり，よりよい社会を考え学習したことを社会生活に生かそうとしたりしている。**

■ 県の様子について，地図や写真を見ながら，知っていることを出し合い，自分の住む県の様子をもっと詳しく知りたいと学習の見通しを立て，意欲的に調べることができた。
■ 暮らしと水の学習で，地震のため断水になって不便だった経験を発表し，水がどのようにつくられ，家まで送られてくるか調べ，自分ごととして関心をもって学習に取り組むことができた。
■ 自然災害から暮らしを守る学習で，想定された事態に対して学習したことを根拠としながらどのような行動をとればよいのか自分なりの考えをもつことができた。
■ 郷土の発展に尽くした先人の学習で，調べたことから，このような大きな事業を成し遂げることができた理由を考え，学級での話合いを通して考えを深めることができた。
■ 古くからの街並みが残されている地域について関心をもち，休みの日に訪れ，どのように保存されているのかを調べて，発表することができた。
■ リサイクルについて調べる計画を立てたが，必要な資料が見付からず苦労していた。途中で計画を見直すなど工夫して学習を進めることも大切にしてほしい。
■ 県に古くから伝わる伝統工芸品についてどのようにしてつくられるのかを調べる計画を立てたが，いろいろなことに興味が移り絞り切れずに，作業工程や職人の思いを調べられなかったのは残念だった。

算数 第3学年

趣旨 知識・技能

▶ **数の表し方，整数の計算の意味と性質，小数及び分数の意味と表し方，基本的な図形の概念，量の概念，棒グラフなどについて理解し，数量や図形についての感覚を豊かにしている。**
▶ **整数などの計算をしたり，図形を構成したり，長さや重さなどを測定したり，表やグラフに表したりすることなどについての技能を身に付けている。**

■ 数を10倍，100倍，1/10にした大きさを表すことができ，その表し方について理解することができた。
■ 2位数や3位数に1位数や2位数をかける乗法の計算が乗法九九などの基本的な計算を基にしてできることを理解し，乗法の計算をすることができた。
■ 1/10の位までの小数の加法及び減法の意味について理解し，加法及び減法の計算をすることができた。
■ 外形の観察や切り口が円であることに着目して，球をちょうど半分に切ったときの切り口の円が最大になることを理解することができた。
■ 簡単な一次元表を基に，二次元表をつくり，その表から読み取ったことを説明することができた。
■ 自分が伝えたい事象をグラフ化する活動を繰り返すことで，表や棒グラフの読み取り方やかき方を理解することができた。
■ 小数や分数の意味と大きさについての理解を深めることに課題がある。大きさを比べるときには，具体物や図，数直線を用いて表すとよい。

趣旨 思考・判断・表現

▶ **数とその表現や数量の関係に着目し，必要に応じて具体物や図などを用いて数の表し方や計算の仕方などを考察する力，平面図形の特徴を図形を構成する要素に着目して捉えたり，身の回りの事象を図形の性質から考察したりする力，身の回りにあるものの特徴を量に着目して捉え，量の単位を用いて的確に表現する力，身の回りの事象をデータの特徴に着目して捉え，簡潔に表現したり適切に判断したりする力などを身に付けている。**

■ 端数部分の大きさを表すとき，整数の十進位取り記数法の考えを基に，1を10等分して新たな単位（0.1）をつくり，その大きさの幾つ分かで表すなど，拡張して考えることができた。
■ 既習の割り切れる除法を基に，割り切れない除法の計算の仕方について考え，具体物や図，乗法の式などを用いて説明することができた。
■ 測定対象や目的に応じた適切な計器の選び方について㎜，㎝，mのどの単位で表せばよいかを根拠にして考え，説明することができた。
■ 角を折り重ねて大きさを比べながら，二等辺三角形，正三角形の性質を考え，正三角形は二等辺三角形の特別な形であることに気付き，表現することができた。
■ 資料を分類整理するとき，目的に応じた分類の観点を選び，資料に落ちや重なりがないことを確認したり，誤りが起きにくいような方法を考えたりすることができた。
■ 余りのある場合の除法の計算の仕方を学習したとき，既習の除法と関連付け，乗法九九を使って答えが求められることを，筋道を立てて説明することができた。
■ 図形を構成する要素に着目して図形を捉えることが苦手である。図形についての観察や作図などの活動を繰り返し行うとよい。

趣旨 主体的に学習に取り組む態度

▶ **数量や図形に進んで関わり，数学的に表現・処理したことを振り返り，数理的な処理のよさに気付き生活や学習に活用しようとしている。**

■ 乗法で成り立つきまりに関心をもってきまりを見つけ，見つけたきまりについてアレイ図などを用いて説明することができた。
■ コンパスを用いて円の模様づくりを楽しみ，活動を通して円のもつ美しさに気付くことができた。
■ 辺の長さの組み合わせに着目して三角形を分類しようとするとともに，構成要素や三角形の名称に関心をもつことができた。

■分数を用いると，端数部分の大きさや等分してできる部分の大きさなどを表せるよさに気付くことができた。
■一次元表と二次元表を比較する活動を通して，二次元表は項目が比べやすいなどのよさについて考え説明することができた。
■身の回りの生活から，除法が用いられる場面を見つける活動に関心をもち，いろいろな分け方を進んで調べ，表にまとめることができた。
■資料を整理する学習に興味をもち，資料を表や棒グラフに表していた。落ちや重なりが少し目立ったので，丁寧に資料を確認していくとよい。

算数　第4学年

趣旨　知識・技能

▶ **小数及び分数の意味と表し方，四則の関係，平面図形と立体図形，面積，角の大きさ，折れ線グラフなどについて理解している。**
▶ **整数，小数及び分数の計算をしたり，図形を構成したり，図形の面積や角の大きさを求めたり，表やグラフに表したりすることなどについての技能を身に付けている。**

■概数が用いられる場合や四捨五入について理解し，数を概数にすることができた。
■1.2を0.1が12個集まった数とみるなど，数の相対的な大きさから小数を捉えることができた。
■角の大きさを回転の大きさとして捉え，その単位（度（°））と測定の意味について理解し，分度器を用いて角の大きさを測定することができた。
■平行四辺形，台形，ひし形の意味や性質について理解して，作図することができた。
■変化の様子を折れ線グラフを用いて表すことで，伴って変わる二つの数量の変化の様子を分かりやすく表すことができた。
■数量関係を考察することが得意で，目的に応じた資料の収集と分類整理の仕方，折れ線グラフの表し方や読み取り方を理解することができた。
■四則混合の計算に苦手意識がある。計算の順序を理解するために，ドリルなどで繰り返し練習するとよい。

趣旨　思考・判断・表現

▶ **数とその表現や数量の関係に着目し，目的に合った表現方法を用いて計算の仕方などを考察する力，図形を構成する要素及びそれらの位置関係に着目し，図形の性質や図形の計量について考察する力，伴って変わる二つの数量やそれらの関係に着目し，変化や対応の特徴を見いだして，二つの数量の関係を表や式を用いて考察する力，目的に応じてデータを収集し，データの特徴や傾向に着目して表やグラフに的確に表現し，それらを用いて問題解決したり，解決の過程や結果を多面的に捉え考察したりする力などを身に付けている。**

■分数の大きさを数直線や図などで表したり，分数が表された数直線や図を読み取ったりして，分数の大きさについて考えることができた。
■億や兆を用いる整数について，10倍，100倍，1/10にした数を考え，そのことから十進位取り記数法の仕組みについてまとめることができた。
■四角形（台形，平行四辺形，ひし形）について，二直線に着目し，平行や垂直という位置関係があることを見いだすことで分類することができた。
■目的に応じて集めた資料を二つの観点から分類整理して表に表し，資料の特徴について考えることができた。
■単位とする数に着目すれば，小数や分数の加法や減法の計算は，整数の加法や減法の計算と同じ考え方でできることを見つけ出すことができた。
■除数が2位数の除法の学習では，商の立て方を筋道立てて説明することが苦手だった。既習の除法の計算の仕方と比べながら商の立て方を練習するとよい。

趣旨 **主体的に学習に取り組む態度**

▶ **数学的に表現・処理したことを振り返り，多面的に捉え検討してよりよいものを求めて粘り強く考えたり，数学のよさに気付き学習したことを生活や学習に活用しようとしたりしている。**

■ 1度の大きさについて関心をもち，いろいろな分度器の構造を調べたり，1度の何個分かで角の大きさを表したりすることができた。
■ 何十，何百÷1位数の計算方法について，既習の除法計算と関連付けながら，10や100を単位にして考え，そのよさに気付くことができた。
■ 変化の様子を折れ線グラフに表したり，そのグラフから伴って変わる二つの数量の変化の特徴を読み取ったりして，日常生活の中に出てくる折れ線グラフに学習内容を活用することができた。
■ 身の回りから，平行や垂直になっている二直線を見つけ，積極的にノートにまとめていた。
■ 伴って変わる二つの数量に関心をもち，表などを使って，変化のきまりを捉えようとし，きまりを見つけるよさに気付くことができた。
■ 概数のよさに気付くとともに，目的に応じて概数を用いようとしたり，除法の計算で仮商を立てたりするときに進んで活用することができた。
■ 四角形の分類の仕方を考える際，図形のどこに着目したらよいのか悩んでいる様子が見られた。辺の平行や相等，角の相等など多様な観点から四角形の分類の仕方を考えるようにするとよい。

理科　第3学年

趣旨 **知識・技能**

▶ **物の性質，風とゴムの力の働き，光と音の性質，磁石の性質，電気の回路，身の回りの生物及び太陽と地面の様子について理解しているとともに，器具や機器などを正しく扱いながら調べ，それらの過程が得られた結果を分かりやすく記録している。**

■ 形や置き方を変えて重さを量る活動を通して，物は形や置き方が変わっても重さは変わらないことを見つけて理解することができた。
■ いろいろな物質に磁石を付ける活動を通して，磁石に引き付けられる物と引き付けられない物があり，鉄が引き付けられることを理解することができた。
■ 昆虫はそれぞれ形や色，大きさが違っているが，どの昆虫も体は頭，胸，腹からできていることを理解するとともに，タブレットを活用して記録することができた。
■ 太鼓や床，机などを叩いて音が出たり伝わったりする活動を通して，その叩かれた物が震えていることを理解することができた。
■ 温度計や遮光板を正しく安全に使い，日なたと日陰の温度や太陽の動きを適切に観察し，記録することができた。
■ 成長途中のホウセンカの葉の大きさを定規で測ったり，葉の枚数を一枚一枚数えたりして，観察カードに自分の観察結果や思いを加えて記録することができた。
■ 卵の大きさや幼虫の大きさをしっかりと調べ，気付いたことを観察カードいっぱいに書き，丁寧な観察記録として残すことができた。
■ チョウの観察では，細かな部分までしっかりと見て，幼虫の体全体の様子などを分かりやすく記録することができた。
■ 地面は太陽によって温められ，日なたと日陰では地面の暖まり方や湿り気が違っていることを理解していた。さらに丁寧な観察活動を通して理解を深めるとよい。
■ 風やゴムの力で動く車を使って，距離と動かせた風やゴムの力との関係を，手応えなどの体感と測定を基にして表を使って記録ができるようになれば，より深く理解できるようになる。

趣旨 **思考・判断・表現**

▶ **物の性質，風とゴムの力の働き，光と音の性質，磁石の性質，電気の回路，身の回りの生物及び太陽と地面の様子について，観察，実験などを行い，主に差異点や共通点を基に，問題を見いだし，表現するなどして問題解決している。**

■ 学習したホウセンカのつくりが他の植物にも当てはまるか興味をもち，根，茎，葉のつくりの視点から差異点や共通点を明らかにすることができた。

■ 鏡で光を重ね合わせて，鏡の枚数で合わさった部分の明るさや暖かさに違いがあると予想し，その差異点や共通点を調べることができた。

■ 回路の一部にいろいろな材質の物を入れて豆電球が点灯するかを調べ，物質による電気の通り方の違いの差異点や共通点を，表にして記録することができた。

■ 太鼓や床，机などを叩いて音の大きさが変わることに興味をもち，その物の震え方に視点を当て差異点や共通点から震え方が変わることを明らかにすることができた。

■ ICTを活用しながら昆虫の様子とその周辺の環境との関わりの差異点や共通点を考え，暖かくなると昆虫が活発に動き出すことを見いだし，明らかにすることができた。

■ 地面を手で触ったり，湿った物が乾く様子を観察したりしながら，温度計で測定した結果と重ねて考え，日なたと日陰の差異点や共通点に気づき解決することができた。

■ 初めから細かなところまで見てまとめようと観察を続けていた。差異点や共通点に着目して，チョウの卵の色や大きさ，幼虫の体表の様子などをまとめるとさらによくなる。

■ 物の材質による電気の通り方の違いを調べその結果を発表することができたが，表にするなど工夫することでもっと分かりやすく伝えることができる。

趣旨 **主体的に学習に取り組む態度**

▶ **物の性質，風とゴムの力の働き，光と音の性質，磁石の性質，電気の回路，身の回りの生物及び太陽と地面の様子についての事物・現象に進んで関わり，他者と関わりながら問題解決しようとしているとともに，学んだことを学習や生活に生かそうとしている。**

■ 磁石に付く物と付かない物の違いや磁石同士の引き合う・退け合う性質を活用しておもちゃをつくり，つくり上げたおもちゃの説明をすることができた。

■ 物の体積と重さの関係に興味をもち，同じ体積なのに重さが違うことに問題を見つけ，友達との意見交流を進めながら材質の異なる物も意欲的に調べることができた。

■ 風とゴムの力の働きの既習事項を活用して，友達と話し合いながらゴムの力で動く車をつくったり，身近な生活の中で風の力が利用されたりしていることに気付くことができた。

■ バッタの幼虫と成虫との体の違いに興味をもち，他の昆虫との差異点や共通点に着目して，グループでの話合い活動を通して成長のきまりを進んで調べることができた。

■ 校舎の日陰の位置や長さの変化に関心をもち，太陽の位置との関係に着目し，調べる方法を友達と話し合い，進んで追究することができた。

■ チョウが卵から成虫になるまでの育ち方について，実際に友達と協力し合って育てながら理解することができた。

■ チョウの観察を始め昆虫全般に興味をもち，卵や幼虫の大きさをしっかりと調べ，熱心に観察に取り組んでいた。正しく記録に残す細かさがあればより明確にすることができる。

■ 身近な生活の中で風の力が利用されていることを見つけようと友達と話合いを重ねていたが，風やゴムの力の働きの既習事項に気付けば，より明確にすることができる。

理科　第4学年

趣旨　知識・技能

▶ 空気，水及び金属の性質，電流の働き，人の体のつくりと運動，動物の活動や植物の成長と環境との関わり，雨水の行方と地面の様子，気象現象及び月や星について理解しているとともに，器具や機器などを正しく扱いながら調べ，それらの過程や得られた結果を分かりやすく記録している。

■ 注射器を使った実験で見つけたことを基に，閉じ込められた空気は圧し縮められるが，水は圧し縮められないことを理解し，結果を分かりやすく記録することができた。

■ 器具を正しく扱いながら調べ，金属に塗ったろうが融ける様子を観察して，金属は熱せられた部分から順に温まっていくことを理解し，結果を分かりやすく記録することができた。

■ 簡易検流計を用いて回路に流れる電流を正確に測定し，流れる電流とモーターの回転との関係を表やグラフにまとめて結果を分かりやすく記録することができた。

■ 雨水の行方と地面の様子の学習で，自分の考えをまとめ，学習の本質に迫る発表をすることができた。

■ 自分の体に直接触れて筋肉の動きの様子を確認したり，仲間と互いに体を動かして観察し確かめ合ったりすることによって，体の動きと筋肉との関係を理解することができた。

■ ヘチマの成長の様子を巻きひげなど細かいところに着目して継続観察し，気付いたことに自分の思いを加えて観察カードに記録することができた。

■ ヘチマの成長の様子を継続観察した。葉の大きさや花の変化などの視点を明確にしてから変化の様子を記録すると，さらによい記録にすることができる。

■ 流れる電流とモーターの回転との関係に着目して簡易検流計を用いて測定した。回転数と流れる電流の結果を表などにするとより分かりやすくなる。

趣旨　思考・判断・表現

▶ 空気，水及び金属の性質，電流の働き，人の体のつくりと運動，動物の活動や植物の成長と環境との関わり，雨水の行方と地面の様子，気象現象及び月や星について，観察，実験などを行い，主に既習の内容や生活経験を基に，根拠のある予想や仮説を発想し，表現するなどして問題解決している。

■ 金属や水，空気が温まると体積が変化する様子を温度の変化に着目して考え，反対に冷やしたときには，どうなるかを根拠のある予想や仮説を発想して実験に取り組むことができた。

■ 乾電池に豆電球やモーターをつないだときの明るさと回り方から，電流の流れをモデルで示して予想や仮説を基に根拠をもって事象の理由を説明することができた。

■ 実験用ガスこんろなどの加熱器具を安全に留意しながら正しく操作し，水や金属の温まり方と体積の変化を根拠のある予想や仮説を発想し，調べることができた。

■ 季節によって動物の活動や植物の成長の様子が異なることを，季節を追って継続観察しその結果を一覧表にして示し，気温の変化を根拠のある予想や仮説のもとで考えることができた。

■ 月や星に興味をもって観察し，時刻によって月や星の位置が変化することに気付き，月や星の動き方のきまりを根拠のある予想や仮説のもとで説明することができた。

■ 空気中の水蒸気は，結露して再び水に戻ることを理解し，冬の朝の窓ガラスについた水滴と関連付け，根拠のある予想や仮説を基に発想し説明することができた。

■ ヘチマの観察では，自分で育てているヘチマと学校のヘチマを比較して観察し，大きさの違いを，根拠をもって予想や仮説を発想し，表現するなどして問題を解決することができた。

■ 晴れの日と曇りの日の気温を時刻ごとに比較してまとめていた。根拠のある予想や仮説を発想するために折れ線グラフを使えれば，その違いをより詳しく説明することができる。

■ 冬の朝の窓ガラスに付いた水滴から空気中の水蒸気の結露を根拠のある予想や仮説をもとに理解していた。詳しく記録をとることでより明確に説明することができる。

趣旨　主体的に学習に取り組む態度

▶ **空気，水及び金属の性質，電流の働き，人の体のつくりと運動，動物の活動や植物の成長と環境との関わり，雨水の行方と地面の様子，気象現象及び月や星についての事物・現象に進んで関わり，他者と関わりながら問題解決しようとしているとともに，学んだことを学習や生活に生かそうとしている。**

■ 注射器に閉じ込めた空気や水に力を加えたときの手応えやピストンの動く量に関心をもち，友達との意見交流を通して進んで空気と水の性質を調べることができた。
■ 月の形は日によって変わって見え，1日のうちでも時刻によって位置が変わることを月の観察を通して理解し，月の位置や動きについて友達にも説明することができた。
■ 自分の腕や足の骨と筋肉の付き方を調べ，運動したときの動きの様子との関わりに興味をもち，図鑑や映像資料，ICTを活用して意欲的に調べることができた。
■ 天気の変化や降った雨などの水の循環について学習したことを基に，毎日の天気の変化や雲の様子にも関心をもち，友達と話し合うなど意欲的に観察することができた。
■ 雨水の行方と地面の様子の学習ではグループの仲間と相談しながら仮設を立て，校庭や砂場などで意欲的に観察することができた。
■ 電池を使ったものづくりでは，直列・並列つなぎの違いを理解し，つなぎ方に困っている友達を積極的に手助けし，素早く正しい回路をつくり上げ，意欲的に調べることができた。
■ 電池の数や向きを変えて色々なつなぎ方で電流の強さを測ることに興味をもっていた。その結果をまとめて表を作成すれば友達にも分かりやすく説明することができる。
■ 学習した内容を生かしたおもちゃづくりを通じて，乾電池とモーターの関係を説明できていた。電流の強さに着目して考えれば，より分かりやすく説明することができる。

音楽　第3・4学年

趣旨　知識・技能

▶ **曲想と音楽の構造などとの関わりについて気付いている。**
▶ **表したい音楽表現をするために必要な技能を身に付け，歌ったり，演奏したり，音楽をつくったりしている。**

■「ふじ山」の歌詞の内容や旋律に合わせて，盛り上がる部分を意識して歌うことができた。
■ リズムの変化によって曲の感じが変わることに気付き，その変化に合わせて明るい声で歌うことができた。
■ 音の高さに応じたタンギングの仕方を身に付け，音色に気を付けてリコーダーを演奏することができた。
■ 合奏では友達の演奏する楽器の音をよく聴いて，きれいに響き合う音色で木琴を演奏することができた。
■「水の音楽づくり」では，水しぶきがきらきらと輝く様子を表そうとマレットを軽く弾ませるように打って鉄琴を演奏することができた。
■ 合奏ではリズムに乗って打楽器を演奏できた。さらに，周りの音と調和するように強弱の調整もできるようになるとよい。
■ リコーダーを演奏する際に，息が強くなりすぎてしまうことがあったので，しっかりと息を支えて安定した音を出せるようにするとよい。

趣旨　思考・判断・表現

▶ **音楽を形づくっている要素を聴き取り，それらの働きが生み出すよさや面白さ，美しさを感じ取りながら，聴き取ったことと感じ取ったこととの関わりについて考え，どのように表すかについて思いや意図をもったり，曲や演奏のよさなどを見いだし，音楽を味わって聴いたりしている。**

■「トランペットふきの休日」の鑑賞では，トランペットの音色の特徴を感じ取り，明るく軽快な音楽を楽しんで聴くことができた。
■「ファランドール」の鑑賞では，二つの旋律が重なって演奏される面白さを感じ取り，情景を想像しながら聴くことができた。

■ お祭りのお囃子づくりでは，和太鼓のリズムに合う旋律を日本の音階を使ってつくり，演奏することができた。
■ 音の高さやテンポの違いによってイメージが変わることに気付き，自分たちの表現したい“○○の音楽”をつくることができた。
■「さくらさくら」の歌詞が表す情景を思い浮かべ，感じ取ったことを表現できるよう，発声や発音を工夫して歌うことができた。
■「音楽づくり」の際，友達と楽しむことに重点を置いてしまうことがあったので，つくろうとする音楽の内容を工夫できるとよい。
■「エーデルワイス」のリコーダー奏では，フレーズのまとまりを意識して演奏できるよう，ブレスの取り方にも気を付けるとよい。

趣旨 **主体的に学習に取り組む態度**

▶ **音や音楽に親しむことができるよう，音楽活動を楽しみながら主体的・協働的に表現及び鑑賞の学習活動に取り組もうとしている。**

■ リコーダーの新しい楽譜をもらったときに，友達や先生に教えてもらいながら何度も繰り返し練習して，演奏できるようになった。
■ 合奏の練習では，周りの音とうまく重なって演奏できるよう，友達にも声をかけて熱心に練習していた。
■「もみじ」の異なる旋律を重ねて歌うところでは，互いの声を聴き合いながら，間違えずにきれいに響き合う声で歌えるよう取り組むことができた。
■「音楽づくり」では，いろいろな種類のマレットを試しながら自分で納得できる木琴の音を見つけようと，時間をかけて取り組むことができた。
■ 鑑賞の学習では重なり合う旋律を聴き分けようと，自分で納得できるまで何度も繰り返し音楽を聴いていた。
■ リコーダーの運指の練習で間違っていても正そうとせず，そのまま演奏を続けてしまうことがあった。正しく演奏しようとする意欲をもてるとよい。
■ リコーダーの練習など苦手なことを避けようとすることがあったので，自信がもてるよう練習方法の改善を図れるとよい。

図画工作　第3・4学年

趣旨 **知識・技能**

▶ **対象や事象を捉える造形的な視点について自分の感覚や行為を通して分かっている。**
▶ **手や体全体を十分に働かせ材料や用具を使い，表し方などを工夫して，創造的につくったり表したりしている。**

■「花を表そう」では，観察した色に近づくように混色をいろいろ試したり，自分のイメージに合わせて筆を選択したりして，思い描いた絵を表すことができた。
■「誕生日ケーキ」では，自分のイメージした形や色に合った色画用紙や箱を選び，装飾するなど表し方を工夫することができた。
■「紙テープの変身」では，紙テープの色や材質に様々なものがあることを知り，それらの特性を活用してつくることができた。
■「いろいろ絵の具で表そう」では，様々なモダンテクニックを知り，さらに身の回りの道具を活用して表し方を工夫することができた。
■「○○虫のすみか」では，紙や箱の様々な材質を見つけて活用して，自分の抱いたイメージに合わせて，組み合わせたり加工したりすることができた。
■「木から生まれたよ」では，木片の形を表したいイメージで選ぶとき，イメージと選んだ木片につながりが見られなかった。イメージと合わせる工夫が望まれる。
■「木から生まれたよ」では，イメージを表現する方法を試す中で，これまでの経験を生かすことができていなかった。経験を技能に結びつける工夫が望まれる。

趣旨 **思考・判断・表現**

▶ **形や色などの感じを基に，自分のイメージをもちながら，造形的なよさや面白さ，表したいこと，表し方などについて考えるとともに，豊かに発想や構想をしたり，身近にある作品などから自分の見方や感じ方を広げたりしている。**

■ 対象に触れたり，方向を変えて見たりしながら，色の表現方法について考え，その中で花の美しさを感じ取りながら取り組むことができた。
■ 自分がつくりたいケーキを想像し，そのためのつくり方を考えて工夫し，色や形の美しさを感じながら取り組むことができた。
■ 紙テープを切ったり曲げたり，細かくちぎったりして，それらを組み合わせながらイメージに合ったものを表現することができた。
■ それぞれの表現方法によってつくり出す模様に見通しを立ててイメージし，その面白さに気付きながら表現方法を考えることができた。
■ 紙や箱の形から発想し，切ったり折ったり組み合わせたりしながら表し方を考えて，表現方法を工夫して取り組むことができた。
■ 自らのイメージを表現しようとする中で，材料の特徴を捉えて生かすことができなかった。材料をよく観察して，その特徴を捉える工夫が望まれる。
■ 表したいイメージを表現しようとする中で，友達の表し方を参考にしたり生かしたりする工夫が見られなかった。友達の表し方などを観察して生かす工夫が望まれる。

趣旨 **主体的に学習に取り組む態度**

▶ **つくりだす喜びを味わい進んで表現したり鑑賞したりする学習活動に取り組もうとしている。**

■ 花を観察したり，その様子を楽しんで見たりして，絵の具を混色して自分の抱いたイメージに近づけていくことに，楽しみながら取り組むことができた。
■ ケーキを贈りたい人の喜ぶ様子を想像しながら，身の回りの材料を工夫して用いて，ケーキづくりに楽しんで取り組むことができた。
■ 好きな色や材質の紙テープを見つけ，組み合わせて表現に結び付けることを楽しんだり，友達の表現方法を進んで参考にしたりすることができた。
■ 身の回りの道具で，今までとは違う使い方に関心をもち，その表し方を発見したり発展させたりしながら，工夫して取り組むことができた。
■ 自分の抱いたイメージに合った形や好きな色を見つけて，楽しみながら組み合わせることができた。
■ 活動中に出合う課題に前学年までの経験を生かして，取り組むことができなかった。粘り強く課題に取り組み，乗り越えようとする姿が望まれる。
■ 身の回りの材料について，その形を見立てる活動の中で，角度を変えるなど見方を工夫する様子が見られなかった。材料に対する多様な見方や捉え方をする工夫が望まれる。

体育　第3・4学年

趣旨 **知識・技能**

▶ **各種の運動の行い方について知っているとともに，基本的な動きや技能を身に付けている。また，健康で安全な生活や体の発育・発達について理解している。**

■ 基本的な動きを組み合わせる運動では，自ら投げたボールを前転した後にキャッチするなど，友達の手本となる動きを数多く見せることができた。
■ 跳び箱運動では，踏み切ったあと両足裏がしっかり見えるほど美しい空中姿勢で着手し，その後両足を切り返して着地することができた。
■ 小型ハードル走では，小型ハードル間を「ジャンプ・1・2」の声に合わせながらリズムよく走り越えることができた。

■ ベースボール型ゲームでは，ボールの位置を見ながら全力で次のベースに向かって走ることができた。
■ 保健学習では，思春期には体つきに変化が起こることや，大人の体に近づく現象には個人差があることを理解することができた。
■ マット運動では，逆さになることに恐怖心があり壁倒立をすることができなかった。いきなり壁倒立をするのではなく，少しずつ足を壁の高いところに置けるように段階を追って挑戦するとよい。
■ 水泳運動では，すぐに足を着き，蹴（け）伸びで体を一直線に伸ばすことができなかった。水に潜ることはできているので，補助具を着けて浮く感覚をつかむようにするとよい。

趣旨　**思考・判断・表現**

▶ **自己の運動の課題を見付け，その解決のための活動を工夫しているとともに，考えたことを他者に伝えている。また，身近な生活における健康の課題を見付け，その解決のための方法を工夫しているとともに，考えたことを他者に伝えている。**

■ 体のバランスをとる運動では，遠くを見るとバランスを取りやすいことに気付き，苦手な友達にコツとして教えることができた。
■ 逆上がりでは振り上げた足の反対の足も重要であることに気付き，「追い越し足」と名付け，学習において友達の技の理解に貢献することができた。
■ 走り幅跳びで強く踏み切るためには，踏み切る前のステップを細かくする必要があることに気付き，それをクラスの友達に教えることができた。
■ ゴール型ゲームでは，ボールを持っていない人はゴール近くに行くと得点しやすいことに気付き，そのことを，図を使って味方の友達に説明することができた。
■ 保健学習では，体をよりよく発達させるための食事について調べ，給食の献立表を活用しながら具体的に発表することができた。
■ マット運動では，技をすることはできたが，より美しくするための課題を見つけることができなかった。手を付く位置の目印や友達から教えてもらった目線の向きなどに意識して取り組むことでレベルアップをすることができる。
■ ベースボール型ゲームでは，友達へ命令口調で指示するばかりになり，自分の考えていることをうまく伝えることができなかった。自分が動いて見せたり図で説明したりして，自分の考えているいい動きをチーム内に広められるとよい。

趣旨　**主体的に学習に取り組む態度**

▶ **各種の運動の楽しさや喜びに触れることができるよう，各種の運動に進んで取り組もうとしている。また，健康の大切さに気付き，自己の健康の保持増進についての学習に進んで取り組もうとしている。**

■ 長縄に入れない友達のために手をつないで一緒に運動を行い，自分だけでなく友達もできるようになるために活躍することができた。
■ 後転することを初めは怖がっていたが，ゆりかごや坂道での後ろ転がりなどのできる技を繰り返し練習し，単元終盤にはできるようになった。
■ リレーでは，タイミングよくバトンを渡すために追いかけ走を繰り返し行ったり，受け渡すときに「はい・うん・ぱ」の言葉がけを行ったりしながら運動することができた。
■ ネット型ゲームでは，ゲーム中の判定や勝敗を素直に認めたり，友達と得点するための役割を協力したりしながら運動することができた。
■ 蹴伸びの距離を伸ばすことを目標にし，毎時間少しずつ自己記録を更新するなど成果をあげることができた。
■ 短縄を使った運動では，交差跳びが苦手で意欲的に運動することができなかった。腕を交差させたときに縄が足下にくるよう，「交差止め」を練習するなど自分のできそうな技を繰り返し練習するとよい。
■ 鉄棒運動が苦手で積極的に運動することができなかったが，単元の初めと終わりでは動きが大きく変わってきたので，あきらめず自分のできる技からできそうな技へと積極的に挑戦するとよい。

学習全般に関する所見

教科全般

■ 表現力が豊かで，出来事を分かりやすく記録したり，観察や調査したことを絵や図を交えて効果的に表現したりすることを得意とした。

■ 読書が好きで知識が豊富である。社会科や理科の学習では，知識や技能を生かして積極的に学習に参加した。

■ 学習や係活動で発揮する発想や行動は，日頃から積極的に発表し，何事にも丁寧に一生懸命やり遂げた成果である。

■ 素直に自分を表現しつつ明るくのびのびと活動しているが，ついついやるべきことが後回しになることもあったので，気を付けるとよい。

学習意欲

■ 好奇心が旺盛で，社会や自然の様子に対していろいろな疑問をもち，自分から納得のいくまで調べることができた。

■ 発言意欲が旺盛で，自分の考えを進んで発表したり，仲間の考えに付け足しをしたりするなど，授業に意欲的に参加することができた。

■ どの教科でも進んで取り組もうという姿勢があり，聞き手を意識した発言や根拠をもって考えることもできていた。

■ 何事にも一生懸命に取り組み，様々なことに全力を尽くしているが，友達との意見の食い違いで最後までやり遂げられない場合もあった。

学習態度

■ 自分の考えと仲間の考えを比べながら話を聞くなど，常に授業に集中して取り組むことができた。

■ ノートの使い方が丁寧で，自分なりの工夫をして学習内容を分かりやすく記録して，学習の足跡を残すことができた。

■ 誰よりも元気よく声を出して，学級のみんなが学習に向かおうという気持ちを高めることができた。

■ どの教科でも場面の様子が伝わるように，声の大きさやトーンを工夫して表情豊かに発表できているので，さらに友達と協力するよう心掛けるとよい。

学習耐性

■ 得意なことはもちろん苦手なことや根気がいる学習活動にも，最後までやり遂げようと粘り強く努力することができた。

■ 漢字の書き取りの練習に進んで毎日取り組み，既習の漢字の多くを正しく読んだり書いたりすることができるようになった。

■ 友達と協力してポスターづくりに取り組むなど，楽しみながら落ち着いて学校生活を送ることができた。

■ どの学習でも主体的に自分の考えを筋道立てて説明しようとするが，ノートを丁寧に書くようにすればさらに考えが深まるようになる。

学習成果

■ 計算の練習を継続的に取り組んだ結果，早く正確にできるようになってきた。

■ 鉄棒では，なかなか逆上がりができなかったが，休み時間にも進んで練習に取り組んだことにより，できるようになった。

■ 授業中，姿勢よく最後まできちんとよく考え，意欲的に発表したり話し手の方を見て話を聞いたりすることができた。

■ どの教科もとても楽しそうに学習しているので，できたときの満面の笑みを忘れずしっかりと復習をすればさらによくなる。

学習習慣

■ 家庭での読書の習慣が身に付き，物語や伝記など，いろいろな分野の本を読んで読書領域を広げることができた。

■ 学習に必要な道具を忘れずに準備したり，学習した内容を進んで復習したりして，力を伸ばすことができた。

■ 授業前の学習準備はいつも早く，友達とがんばろうとする姿は授業中にも見られ，問題にいち早く取り組み，意欲的に発表することができた。

■ 時間がないときでも，最後まできちんとやり遂げようとがんばる姿勢はよいが，絵や図を用いて大切な要点をまとめるなどの工夫があればさらによくなる。

集団学習

■ 社会見学のまとめの学習では，グループの友達の意見に耳を傾けながら，意欲的に新聞づくりに取り組むことができた。

■ 課題別の学習では，グループのリーダーとして，友達の考えを生かしたり，自分から建設的な意見を出したりして，よりよい解決を目指そうと努力することができた。

■ 友達の意見をよく聞き，自分の考えと比べながら話をまとめ，いいところを取り入れることができた。

■ 分からないで困っている友達と一緒に学び，理解を促すために努力していた。さらに工夫しながら教えることができるようになるとよい。

体験学習

■ 社会見学や総合的な学習の時間では，地域の方に進んで質問をしたり，課題をもって調査したりするなど，主体的に学習を進めることができた。

■ 算数の円の学習では，実際に運動場に出て，グループの友達と協力して半径を変えながら大きな円をかいて学ぶことができた。

■ 学習教材で，本当にアリのおしりから特別の液が出ているかどうかを何日も観察し，その結果を学習のまとめに書くことができた。

■ 理科の学習で，電池の数やつなぎ方を変えると電流の大きさが変化することが分かったので，その結果を表や図にしてまとめればさらによくなる。

作業学習

■ 活動的な学習を好み，作業学習には特に意欲的で，手間のかかる内容であっても粘り強くやり抜こうとする姿勢を見ることができた。

■ 絵を描くことが得意で，見学のまとめの作業学習では絵を取り入れながら分かりやすくまとめることができた。

■ 校区の様子を友達と共に地域の人にインタビューしてまとめることができ，自ら人と関わる姿でコミュニケーション力を積極的に培うことができていた。

■ 細かなところまで丁寧に仕上げる集中力がある。絵の具の水の量を工夫して，透明感を出して構図に工夫を凝らせばさらによい作品になる。

その他に関する所見

学習に影響を及ぼす健康状況・身体状況

健康状況（心・体）

・運動に気後れするところがあり，休み時間には教室に残りたがることがあったため，学級遊びを取り入れ，室外でみんなと遊ぶように指導を試みた。

・黒板の文字が見えにくいことがあるので，教室の前の方に座席を取り，見え方を本人に確認しながら授業を進めるよう心掛けた。
- 学校生活のあらゆることを真剣に捉え，一つひとつに自分のこだわりを大切にして全力を尽くそうと，がんばりを見せている。
- 素直に自分を表現したり自信を付けたりできるよう，その都度言葉がけを行い，時間をかけ学習課題をしっかりとやり遂げられるようにした。

身体状況（体力状況）

- 休み時間や体育など友達と同じようにできないもどかしさを感じながらも，軽い運動から徐々に身体を慣らしていく術を自分で会得しつつある。
- 運動を続けることで友達よりも疲れやすいことを自覚しており，家庭と連絡を取り合いながら体育の授業を進め，体力の向上へとつなげた。
- 身体的なことを感じさせないくらい笑顔を絶やさず，明るく前向きに活動し，新たなことにもがんばる意欲がいろいろな場面で見られた。
- 時間をかけて自分にしかできないものにこつこつと取り組むことができるので，自分の考えを伝えてみんなと一緒にできる喜びにつなげさせたい。

学習に影響を及ぼす環境的諸条件

学校

- 友達の体に隠れて黒板に書かれた文字が見えないことがあったため，見やすいように座席を前列にする配慮をした。
- 飼育活動を通して，仲間と協力して仕事をしたり動物の命を大切にしたりする心が育ってきた。
- 友達と一緒に校区の様子をまとめ，自分たちを取り巻く環境が自分や周囲の人との関わりで成り立ち，互いに支え合っていることを理解した。
- 自分の考えをまとめ，間違いを恐れずに発表する姿が見られるので，より学級での雰囲気づくりへとつなげられるとよい。

家庭

- 規則正しい生活のリズムをつくれるように，家庭との連絡を密にして，遅刻や欠席が増えないように本人にも自覚を促した。
- 家庭学習の習慣を身に付けさせるために，放課後学習教室などを保護者に紹介し積極的な活用を勧めた。
- 家庭で身に付けたほうきの使い方で毎日の清掃時間に一生懸命掃く姿が見られ，まだ終わっていないところにも気遣いを見せて手伝うことができた。
- 今するべきことを考え，その中で自分のしたいことが前面に出てしまうので，見誤らないようによく考えて行動を起こすよう家庭と連絡を密にして機会あるごとに指導した。

地域

- 地域の運動クラブに所属し活動を続けていくことにより，運動能力が向上し，自信を付けた生活ぶりとなった。
- 児童を取り巻く環境に様々な困難が見られ，地域の主任児童委員に連絡して連携を図り，役所とともに家庭訪問を継続した。
- 地域のお年寄りとの交流会では，招いたお年寄りが嫌な思いをしないように心を配っている様子に接し，家庭での温かな環境がうかがえた。
- 地域の工場を見学するときに自分たちの地域ならではの考えができていたので，その考えをまとめにも生かすことができるよう助言した。

児童の努力を要する点や今後の指導で特に配慮を要する点

全体

- 算数の文章題を解いたり，国語の説明的な文章を読み取ったりすることがうまくできないので，読み取る力を付けるためには読書を継続する必要がある。
- 聴力に障がいが見受けられ，話の内容が理解できたかの確認をしながら細かく個別に指導をする必要がある。
- 友達の行動で気になることがあると，すぐに「ダメ!」ときつく言うことがあるので，相手が聞き入れやすくなる状況を見て判断するよう助言した。
- 自分の主張や考えを大きな声や強い調子で伝えることが大切なときもあるが，いつもその調子だと友達が話せなくなり，周囲に分かりやすく説明できないと指導した。

教科

- 漢字の意味が十分に理解されていないため，文章の読み取りで詰まってしまうことがある。漢字を継続的に時間をかけて練習するよう言葉がけをした。
- 分数や小数の意味が十分に理解されていなかったが，個別指導を通して計算はできるようになった。引き続き分数や小数の意味を理解できるように時間をかけて練習させていく。
- 算数や理科では，黒板や実物投影機を使って自分の考えを説明できるので，もっと自分から手を挙げて進んで発言するように声がけをしている。
- 図画工作の学習で，作品の完成をイメージして彫刻刀を使い分けて彫ったが，よりよく仕上げるために白黒のバランスに気を配るよう，時間をかけて指導した。

特別の教科　道徳の所見

A 主として自分自身に関すること

(1) 道徳性に係る成長の様子

■ 正しくないことをしている人を止めるのは，「難しい，勇気が必要だ」と言いながらも，そのよさを感じ取り，自分もそうありたいという気持ちをノートに書いていた。

■ 教材の登場人物について話し合う中で，度を過ごしてしまうときの心情を自分の経験と重ねて捉えながら，よく考えて行動することの大切さに気付き，「自分ももう少し考えて行動したい」と，ノートに書いていた。

■ 友達から自分のよさを教えてもらい，自分のよさに目を向けて考え，もっと伸ばしていきたいという気持ちをもった。

■ 目標に向かってがんばることの難しさと素晴らしさを教材の主人公の姿から学び，憧れの気持ちを抱きながら，自分も少しでも近づきたいと意欲を高めていた。

■ 教材の登場人物と自分を重ねて考えながら，正直にしないと，自分の心も暗くなっていくことに気付き，発言していた。なりたい自分の姿をつなげて考えてみてほしい。

(2) 一面的な見方から多面的・多角的な見方へ発展している

■ 友達の役割演技を見て，正しいと分かっていても実行に移すことが難しい理由には，自分が考えていたことと違った視点があることに気付いて発言していた。

■ 友達との話合いを通して，「よいところ」は一つの価値観で捉えるものではないことに気付き，友達や自分のよいところを積極的に見つけようとしていた。

■ 教材の主人公の姿について話し合う中で，目標に向かって，がんばることのよさだけでなく，目標を実現するには，自分だけでなく周りの人の願いや思い，支えがあることに気付き，発言していた。

■ 友達とのペアでの話合いで，「正直にすることのよさ」を様々な登場人物の視点に立って考え，ノートに書いていた。

■「正直に言っても叱られるかもしれないけれど，ごまかしてずっと後ろめたいのは嫌だ」と，正直にすることのよさを捉え，発言していた。友達の意見などから正直にすることのよさについて，いろいろな角度から捉えてみてほしい。

(3) 道徳的な価値の理解を自分自身との関わりの中で深めている

■ 教材の登場人物と自分を重ねて考え，「自分も，素直に謝れなかったり，正直に言えなかったりしたことがある」と振り返り，そのときの自分の気持ちを見つめ，ノートに書いていた。

■ 教材についての話合いでは，いつも「自分だったらどうだろうか」という視点をもって発言していた。「自分だったら，正しいと思うことを実行に移すことができるのか」と，自分を見つめ悩みながらノートに書いていた。

■ 教材の役割演技を通して，登場人物の行動や心情を自分と重ねて捉えて考えていた。「うそをついたり，ごまかしたりするとどんどんつらくなる」と発言していた。

■ 教材の登場人物が目標に向かって努力する姿から，自分の経験を振り返り，目標に向かう過程での苦しさや投げ出したいという思い，そして，あきらめないで粘り強くがんばったときのよさをみんなに伝えていた。

■ 話合いを聞きながら，登場人物がよく考えて行動することができなかったときの後悔する気持ちや節度ある行動の大切さを捉え，ノートに書いていた。自分と重ねて考え，自分ごととして捉えていってほしい。

B 主として人との関わりに関すること

(1) 道徳性に係る成長の様子

■ 教材から，相手のために状況や気持ちを考えて親切にすることのよさに気付き，「自分にできる親切をしてみたい」とノートに書いていた。

■話合いを通して，自分たちの生活は，地域の方など周りのたくさんの人々に支えられていることに気付き，感謝の気持ちを伝えたいと発言していた。

■相手の気持ちや立場に寄り添い，心を込めたあいさつや態度が人との関わりを豊かにすることに気付き，誰に対しても心を込めて接していきたいという気持ちをノートに書いていた。

■いろいろな立場の登場人物の視点から考え，自分の考えを伝えるだけでなく，相手の考えを聞き，理解しようとすることのよさに気付き，自分もそうして友達とつながりたいという気持ちを高めてノートに書いていた。

■話合いの中で，友達と仲よくなるには，相手の立場や気持ちを考えることが大切であることに気付き，発言していた。なりたい自分とつなげて考えてみてほしい。

(2) 一面的な見方から多面的・多角的な見方へ発展している

■いろいろな登場人物の立場に立ち，その行動の理由を考え，話し合う中で，友達として大切なことは何かと，考えを深めていた。

■親切について話し合い，すぐにはできない理由や親切にすることのよさについてなど，いろいろな考えを聞き，自分は誰かのために進んで親切にしたいという気持ちを強くもって発言していっていた。

■教材の状況をいろいろな登場人物の立場に立って考え，自分の思いだけでなく，相手のことを理解しようとすることの大切さに気付き，ノートに書いていた。

■友達と話し合うことを通して，心のこもったあいさつの大切さやいろいろなよさに気付き，ノートに書き留めていた。

■教材の主人公の行動や気持ちを考える中で，相手の気持ちに寄り添い思いやることは，自分の喜びにつながることに気付いて発言していた。話合い活動などから，思いやることのよさについていろいろな角度から捉えていってほしい。

(3) 道徳的な価値の理解を自分自身との関わりの中で深めている

■学習を通して，自分の生活を振り返り，当たり前だと思っていた地域の方の見守り活動やゲストティーチャーとの活動に心を向け，感謝の気持ちを伝えたいとノートに書いていた。

■教材の登場人物と自分を重ねて考え，これまでの自分のあいさつは，相手のことを大切にしていたかという視点で振り返り，考えたことをノートに書いていた。

■教材の主人公になりきって役割演技をすることを通して，自分の考えを伝えるだけでなく，相手のことを理解しようとする気持ちが大切であることに気付き，自分の演技を振り返りながら考えを深め，発言していた。

■教材の登場人物の気持ちに自分の気持ちを重ね，信頼し合う友達関係のよさに心を向けながら，今の友達と自分の関係について見つめ，ノートに書いていた。

■友達の考えを聞く中で，自分の思いだけでなく，相手のことを考えた親切が大切であると気付き，発言していた。自分の生活や経験と重ねて考えてみてほしい。

C 主として集団や社会との関わりに関すること

(1) 道徳性に係る成長の様子

■きまりについて考えたときには，「きまりは，みんなが気持ちよく過ごすために大切だ」と発言し，進んできまりを守っていこうという気持ちをノートに書いていた。

■教材について話し合う中で，「友達を決めつけるなどの偏見のない仲間のほうが，みんなが楽しいはず」と発言し，自分は「どの人も大切にしたい」とノートに書いていた。

■教材の登場人物に自分を重ねて考え，「自分の仕事が誰かの役に立つと嬉しい」と発言し，「自分も任されたことをみんなのためにもっとがんばっていきたい」と発言していた。

■教材を通して，他国との文化の違いやそのよさに目を向け，もっと，いろいろな国のことを知ってみたいと興味をもつことができた。

■教材や友達の発言から，身の回りにも日本に昔から伝わるものがあり，そこには，様々な知恵やよさがあることに気付き，ノートに書き留めていた。昔から伝わるものに対する自分のありたい姿を思いえがいてみてほしい。

(2) 一面的な見方から多面的・多角的な見方へ発展している

■ きまりについての話合いでは，主人公の立場だけでなく，いろいろな立場から，きまりの意義やよさを捉え発言していた。
■ いろいろな登場人物の立場で考えることで，「働くことは，自分の喜びだけでなく，誰かのためになっている」と気付き，発言していた。
■「家族で協力し合うこと」について話し合ったときには，友達の考えをよく聞きながら，自分の考えと比べて考えを深め発言していた。
■ 教材を通して「学級のよさとはどういうものか」について話し合い，友達の考えを聞く中で，いろいろな「よさ」があることに気付き，考えながらたくさん発言していた。
■ 教材を読んで，「自分の身の回りにある，昔から伝わるものを調べてみたい」とノートに書いていた。昔から伝わるもののいいところについて，話合い活動を通して見方・考え方を広げていってほしい。

(3) 道徳的な価値の理解を自分自身との関わりの中で深めている

■ 教材の登場人物と自分を重ねながら考えを深め，「家族のお互いを大切に思う気持ちは，お金では表せない」と発言していた。
■ 教材の登場人物と自分を重ねて考え，働くことについて，「仕事をしたことが，みんなの役に立っているのだったら，嬉しいし，楽しく仕事ができる」と発言していた。
■ 学習を通して，自分はこれまで，誰に対しても分け隔てなく接してきたかを誠実に振り返り，これからの自分にとって大切な行動について，じっくりと考えてノートに書いていた。
■ 学習を通して，友達から自分の暮らす地域に昔から伝わる祭りや料理などがあることを教わり，改めて自分の地域を見つめ，もっと地域に伝わるものを知りたい，大切にしたいという気持ちをノートに書いていた。
■ 教材の登場人物の考え方を理解し，「きまりを守ること」の意義について考えを深め，発言していた。自分と重ねて，自分ごととして考えてみてほしい。

D 主として生命や自然，崇高なものとの関わりに関すること

(1) 道徳性に係る成長の様子

■ 学習を通して，自分の命は，自分だけのものではなく，いろいろな人の願いや思いを受け支えられているものであることに目を向け，自分の命を大切に，一生懸命に生きたいという思いを強くしていた。
■ 学習を通して，自然に生きる生き物の命を守るための取り組みや願いを知り，身近な自然や生き物を大切にするなど，自分にできることから始めたいという思いを強くし，ノートに書いていた。
■ 主人公の心の美しさや人を思う優しさについてペアで話す中で，「自分もそんなすてきな心に近づきたい」と語っていた。
■ 教材から，どんな生き物にも命があることに目を向け，自分の身の回りの命あるものを大切にするために自分にできることを考え，ノートに書いていた。
■ 学習を通して，「命は一つしかなく，限りあるものだから，大切だ」とノートに書いていた。考えたことをこれからの自分に生かす視点をもってほしい。

(2) 一面的な見方から多面的・多角的な見方へ発展している

■ 学習を通して「命の大切さ」について考え，話し合う中で，「一人のものではない」「支えられている」「失ったら元に戻らない」など，考えを広げ深めていた。
■ 学習の中で，心を動かされたところやその理由を話し合う中で，教材のもつ人の心の美しさを，様々な視点で捉え，豊かに感じ取っていた。

■教材を通して,「命を大切にする」ことについて話し合ったときには,「一生懸命に生きること」「よりよく生きる」など多様な考えを伝え合いながら，考えを深めていた。
■話合いを通して，自然の命の不思議さや美しさに目を向け，環境を守ることの大切さを，様々な視点から考えて発言していた。
■教材を通して，どんな小さな生き物にも命があり，どんな命も失うと取り戻せないものであることに気付き,発言していた。話合い活動などから，命が大切である理由は，たくさんあることにも気付いてほしい。

(3) 道徳的な価値の理解を自分自身との関わりの中で深めている

■教材と，自分の生まれたときのことを重ねて考え，自分の命はたくさんの人に大切に思われ，支えられて成長していることを改めて見つめ，大切にしたいという思いを強くしていた。
■学習を通して，人の心の美しさに心を動かされながら，自分を振り返り，これまでの自分も人の美しい心に接してきていることに気付き，ノートに書いていた。
■学習を振り返り，これまでの自分と生き物の関わり方について考え，命を大切にすること，自然を守るために大切なことについて考え，発言していた。
■学習を通して，命のつながりに目を向け，自分の命のつながりを考えながら，改めて自分の命の重さに気付き,ノートに書いていた。
■教材から，命は一つしかないものであり，限りあるものであるからこそ，大切にするものであると気付き，ノートに書いていた。これまでの自分の生い立ちなどを見つめながら，自分とつなげて考えてみてほしい。

全　般

児童の学習状況や大くくりなまとまりを踏まえたもの

■教材の登場人物の葛藤や行動の理由を自分の経験と重ねながら考えていた。どうしてそうするのがよいのか,その理由を明確にしながら発言していた。
■話合いでは，友達の考えと自分の考えを照らし合わせ，考えを深めたり広げたりして発言していた。
■これまでに学習してきたノートを振り返りながら考えることで，学習をつなげたり，様々な角度から考えを深めたりしていた。ノートには，いつも自分の考えや，友達の考えをたくさん書いていた。
■教材の登場人物の行動や考え方について,「自分だったら…」と考えながら，友達と話し合うことで，自分の考えを広げたり深めたりして発言していた。
■いつも友達の考えを聞きながら，いろいろな考え方があることに気付き，ノートに書いていた。道徳的な問題に対して，自分の経験や自分と登場人物とを重ねながら考えることも大切にしていってほしい。

外国語活動に関する所見

趣旨 **知識・技能**

- ▶ **外国語を通して，言語や文化について体験的に理解を深めている。**
- ▶ **日本語と外国語の音声の違い等に気付いている。**
- ▶ **外国語の音声や基本的な表現に慣れ親しんでいる。**

■ 好きなものを伝え合う活動では，「英語で相手の好きなものが分かり嬉しかった」と感想を述べるなど，コミュニケーションのよさを感じ取ることができた。

■ 数字を扱った学習では，「5はファイブじゃなくて“five (/faiv/)”って言うんだよ」と友達に言うなど，日本語と英語の音声の違いに気付くことができた。

■ クラスのみんなやALTに自己紹介をする活動では，自分の好きなものについて的確に英語で発表し，“I like _.”や“It's a _.”の表現に慣れ親しむことができた。

■ 好きな曜日の生活について伝え合う活動では，インドにはカバティという日本にはない遊びがあることに気付くなど，外国の文化に対する理解を深めることができた。

■ ALTの日常生活を聞く活動では，早朝にお風呂に入ることに驚きを覚えるなど，異なる習慣をもつ人々への理解を体験的に深めることができた。

■ 友達の話す英語の内容を，理解できていた。次学期（年度）は，さらに，「友達のことが分かって嬉しい」などのコミュニケーションのよさを感じ取る姿を期待している。

■ 友達に英語で自己紹介する活動では，あいさつをして自分のことを一つ紹介することができた。次学期（年度）は，さらに，もう一つか二つ，英語で自分のことを伝える姿を期待している。

趣旨 **思考・判断・表現**

- ▶ **身近で簡単な事柄について，外国語で聞いたり話したりして自分の考えや気持ちなどを伝え合っている。**

■ 動物当てクイズの活動では，回答者の多数が知っていそうな動物を数ある中から選んで出題するなど，話題の選択を工夫することができた。

■ 好きなものを伝え合う活動では，“What's this?”を加えて相手に答えてもらうなど，英語を使った表現の工夫をすることができた。

■ 好きな遊びを伝え合う活動では，“play tag”や“play dodgeball”の表現にジェスチャーを加えて伝えるなど，相手に伝わりやすいように工夫することができた。

■ 好きな曜日を伝え合う活動では，好きな曜日に自分が行っていることの写真を見せながら話すなど，相手に伝わりやすい工夫をすることができた。

■ 好きな色を紹介し合う活動では，抑揚をつけながら“It's beautiful!”の表現を加えるなど，自分の気持ちを相手に伝える工夫をすることができた。

■ 動物当てクイズでは，“I see something _.”の表現を使うことができた。次学期（年度）は，さらに，より多くの回答者が答えられるような題材を選ぶ姿を期待している。

■ 好きな遊びを伝え合う活動では，“play cards”の表現を使うことができた。次学期（年度）は，さらにジェスチャーなど，相手に伝わりやすい工夫をする姿を期待している。

趣旨 **主体的に学習に取り組む態度**

- ▶ **外国語を通して，言語やその背景にある文化に対する理解を深め，相手に配慮しながら，主体的に外国語を用いてコミュニケーションを図ろうとしている。**

■ お勧めの文房具を伝え合う活動では，「ホチキス」と言っていたのを“stapler”と言い直すなど，日本語と外国語との言い方の違いに気付き，外国語への理解を深めることができた。

■ 果物カードをやり取りする活動では，友達の反応を見て，“Do you want a peach?”を“A peach?”とシンプルな表現に尋ね直すなど，相手を思いやることができた。

■ アルファベットで表記された看板のクイズを出す活動では，“Do you have _?”や“How many letters?”などの表現を使い，相手の発話に反応しながら聞き続けようとすることができた。

- ■ カードを贈る活動では，バレンタインの日に，チョコレートではなくグリーティングカードを贈る地域があることを知り，「家でもやってみたい」と述べることができた。
- ■ プレゼントしたい文房具を発表する活動で使用した，“This is for you.” の表現を，「家でのハロウィンで，“Trick or treat.” に加えて使いたい」と述べることができた。
- ■ 果物カードをやり取りする活動では，“Do you want _?” の表現を使うことができた。次学期(年度) は，さらに，友達の反応を見て，うまく表現を使い分ける姿を期待している。
- ■ アルファベットで表記された看板のクイズを出す活動では，クイズの内容を理解できていた。次学期 (年度) は，さらに聞き返して会話を続けるような姿を期待している。

総合的な学習の時間に関する所見

総合的な学習の時間「評価の観点及びその趣旨」

趣旨 知識・技能
▶ 探求的な学習の過程において，課題の解決に必要な知識や技能を身に付け，課題に関わる概念を形成し，探求的な学習のよさを理解している。

趣旨 思考・判断・表現
▶ 実社会や実生活の中から問いを見いだし，自分で課題を立て，情報を集め，整理・分析して，まとめ・表現している。

趣旨 主体的に学習に取り組む態度
▶ 探求的な学習に主体的・協働的に取り組もうとしているとともに，互いのよさを生かしながら，積極的に社会に参画しようとしている。

総合的な学習の時間「活動分野別一覧表」

		国際理解	情報	環境	福祉・健康	人権・平和	教科等の発展	地域・学校
課題設定	問題解決能力		●	○	●	○		
	課題を見つける力	○		●		●	○	●
	課題をつくる力	●	○		○		●	○
計画立案	計画立案能力	●	○	○	○	●	○	○
	見通しをもつ力	○	●	●	●	○	●	●
情報収集	情報収集能力	○	●	●	○	○	○	●
	情報選択能力			○	●		●	○
	情報処理能力	●	○			●		
整理・分析	情報活用能力	●						○
	コミュニケーション能力			○				
	総合的な思考・判断		●				●	
	意思決定する力					○	○	●
	論理的思考		○		●			
	試行錯誤的思考	○		●				
	多面的思考				○	●		
まとめ・表現	情報発信能力					○	●	
	発表力	○		●				
	表現力	●	○					●
	実践力				●		○	
	説得力				○	●		
	学習活動に関わる技能・表現		●	○				○
主体的に学習に取り組む態度	知識を応用し総合する力	●		○			●	
	持続する探究心		○	●				
	自ら振り返る力					●	○	
	社会の一員としての自覚		●		○			●
	学習への主体的・創造的な態度							○
	創意工夫する力	○						
	他者との協働				●	○		

（網掛け）中学年にあって高学年にないもの

○ ＝ 事例1（活動分野例１事例目）
● ＝ 事例2（活動分野例２事例目）

総合的な学習の時間の記録：活動分野別例

国際理解

事例1 国際交流　～世界の人と手をつなごう～

課題設定〈課題を見つける力〉

■ 世界にはどんな国があるのか，日本と比べてどんな違いがあるのかを知り，世界の人と仲よくするためには，どうしたらよいかという課題を見つけることができた。

計画立案〈見通しをもつ力〉

■ 世界の人と仲よくなるためには，どんな活動をしていったらよいかを考え，自分たちにできる「手つなぎ大作戦」を実行するための計画を立てることができた。

情報収集〈情報収集能力〉

■ 世界の人のことを深く知ることができるように，身近にいる外国の人から，その国の文化や食べ物，衣装などについて聞いたり，本やインターネットなどで詳しく調べたりすることができた。

整理・分析〈試行錯誤的思考〉

■ 集めた情報の中から，作戦として実行できそうなことを友達と一緒に試しながら，少しずつ実行可能なものへとまとめることができた。

まとめ・表現〈発表力〉

■ 自分たちが考えた作戦を身振り手振りを交えて，積極的に相手に伝えようとし，作戦が実行可能であることをみんなに発表することができた。

主体的に学習に取り組む態度〈創意工夫する力〉

■ 外国の人に自分から積極的に関わっていけるように，それぞれの国の特徴を考えながら，楽しさを味わえる活動にするために努力しようとしていた。

事例2 自国文化理解・発信　～ジャパンブランドを伝えよう～

課題設定〈課題をつくる力〉

■ Made in Japanの品物が海外で信頼されているという動画を見て，日本の技術や文化の素晴らしさに気付き，「The Japan Brand」という課題を設定し，日本の何をどんな方法で情報発信したらよいかを決めることができた。

計画立案〈計画立案能力〉

■ 日本のブランドについて調べてきた内容を，誰にどんな目的で，どんな情報を発信できるかを考え，「ジャパンブランド図鑑」としてまとめる計画を立てることができた。

情報収集〈情報処理能力〉

■ 調べたことや取材したことをグループで話し合い，発信相手を決めて，それに合った情報を選択し，図鑑として表現するために写真やイラストなどをどのようにレイアウトするのかを考えることができた。

整理・分析〈情報活用能力〉

■ 日本のブランドのことがよく分かるように，それぞれのグループがつくった図鑑のページをカテゴリーごとに分類し，足りない情報を新たに付け加えることができた。

まとめ・表現〈表現力〉

■ 世界中の人に見てもらえるように，自分がつくった図鑑を学校のホームページ上に登録し，英語での説明も付け加えて表現することができた。

主体的に学習に取り組む態度〈知識を応用し総合する力〉

■ ホームページで表現することを通して，社会の人に自分の考えたことを発表する値打ちを理解し，社会により価値のある内容を表現しようとする気持ちをもとうとしていた。

情報

事例1 情報収集・発信　～学校紹介のホームページをつくろう～

課題設定〈課題をつくる力〉

■ 自分の学校と他の学校のホームページを見て，自分の学校のホームページをもっと充実させるために，改良すべき課題を探そうという気持ちで取り組むことができた。

計画立案〈計画立案能力〉

■ どんな内容をテーマにしてホームページをつくるかを考え，そのために必要な情報には，どんなものがあるかを明確にし，取材の計画を立てることができた。

情報収集〈情報処理能力〉

■ デジタルカメラやデジタルビデオ，タブレットなどの活用方法を習得し，課題を解決するために必要な画像や情報を集め，使うことができた。

整理・分析〈論理的思考〉

■ 学校紹介のためにリンクさせるとよいホームページはどれなのか，どの順番で情報を伝えていけばいいのかなど，発信すべき情報の組み立てを考えることができた。

まとめ・表現〈表現力〉

■ 情報を受け取る人のことを考えて，分かりやすい文字の大きさや色，情報量や画像などを工夫し，魅力的なホームページを完成させることができた。

主体的に学習に取り組む態度〈持続する探究心〉

■ 完成した学校紹介のホームページを保護者や地域の方などの学校外の人にも分かるように，さらに見やすいものにしようと工夫して取り組もうとしていた。

事例2 情報モラル　～プライバシーってどんなもの？～

課題設定〈問題解決能力〉

■ 携帯電話やスマートフォンで写真や動画を撮影した経験を交流し，その写真や動画の活用の仕方を考えることを通して，個人情報保護条例があることを知り，自分たちがどのように行動すればいいのかという課題を設定することができた。

計画立案〈見通しをもつ力〉

■ 自分たちと情報との関わりを考え，情報を発信していくために，どんな情報を調べ，どのように紹介すればいいのか見通しを立て，「プライバシーの守り方」というパンフレットを作成することができた。

情報収集〈情報収集能力〉

■ 市役所などの公共機関や携帯電話会社，プロバイダーなどの情報を集め，自分たちに役立つ情報としてどんな情報があるのかを見比べながら，有効な情報を収集することができた。

整理・分析〈総合的な思考・判断〉

■ パンフレットを読む人の立場になって考え，文字の大きさや色，言葉遣いや全体の構成などをグループで話し合いながら，「こんなときどうする」というQ&A方式の記事を工夫して表現することができた。

まとめ・表現〈学習活動に関わる技能・表現〉

■ 市役所や企業の方に見てもらえるように，自分たちがつくったパンフレットを配布する場所を探り，実際に届けに行ってその反響を基にしてプライバシーとは何かを考えることができた。

主体的に学習に取り組む態度〈社会の一員としての自覚〉

■ パンフレットで表現することを通して，誰もが守られる社会をつくるためには，プライバシーを守りながら，共に生きていくことの大切さに気付いていた。

環境

事例1 環境問題　～リサイクル新聞をつくろう～

課題設定〈問題解決能力〉

■ リサイクルのアイデアが紹介されている映像を見て，物がリサイクルされる事象に興味をもち，リサイクルを実現させるために「リサイクル新聞をつくろう」という課題を設定することができた。

計画立案〈計画立案能力〉

■ より説得力のある新聞をつくるために，仲間と一緒に調べることやまとめること，適切に発信することなどの役割を分担して取り組んだほうが効率的であると考え，計画を立てることができた。

情報収集〈情報選択能力〉

■ インターネットを活用して調べたり，インタビューしたりして集めた情報の中から，新聞の記事として必要な情報を選ぶことができた。

整理・分析〈コミュニケーション能力〉

■ グループで役割を分担して，町を歩いて情報を集め，出会った人にインタビューし，ごみの分別状況やリサイクルの現状を調べることができた。

まとめ・表現〈学習活動に関わる技能・表現〉

■ イラストや写真，図表やグラフなどを使って，「リサイクル新聞」を分かりやすくまとめ，多くの人たちに理解しやすいように表現することができた。

主体的に学習に取り組む態度〈知識を応用し総合する力〉

■ 学校内や家庭内における資源の活用方法についてまとめ，学校内外に配布し感想を受け取り，その実効性とこれからの課題を知り，今後の生活に生かそうとした。

事例2 自然保護　～○○川の生き物を守ろう～

課題設定〈課題を見つける力〉

■ 普段過ごしている生活の中で，○○川のよいと思うところとよくないと思うところを考え，進んでまとめて発信していこうとする意欲が高まり，課題を見つけることができた。

計画立案〈見通しをもつ力〉

■ ○○川の生き物について理解を深めるために，どんなテーマで調べたらよいかをイメージマップに書き出し，活動の見通しを立てることができた。

情報収集〈情報収集能力〉

■ インターネットや図書館の資料を使い，情報を集めるとともに，○○川にフィールドワークに行き，○○川の自然の様子について調べることができた。

整理・分析〈試行錯誤的思考〉

■ ○○川は生き物が生きるために適した川なのかを，水質・えさ・ごみという視点などから再調査し，グループで協力してその結果を分析することができた。

まとめ・表現〈発表力〉

■ ○○川の生き物を守るために，どんな取り組みが必要なのかを調べ，市役所の環境保全課の人たちに向けて，自分たちでもできる活動内容をまとめ，発表することができた。

主体的に学習に取り組む態度〈持続する探究心〉

■ 生き物が住む美しい水を守りたいと願い，○○川のごみ拾いを学級や地域に働きかけ，「ごみ拾い大会」を計画するなど，○○川を美しく保っていくために行動しようとしていた。

福祉・健康

事例1 ボランティア　～一人で行動できる町づくり～

課題設定〈課題をつくる力〉

■ 体に障がいのある人や高齢者について，知っていることや関わった経験を交流する中で，「何が障がいか」という課題を設定することができた。

計画立案〈計画立案能力〉

■ 体に障がいがある人や高齢者のために，町にある施設や道路などで工夫されていることを調べ，「一人で行動できる町づくり」の計画を立てることができた。

情報収集〈情報収集能力〉

■ 公共施設にある身障者用施設の調査活動とそれを設置した人へのインタビューを通して，体の不自由な人にとって何がどのように役立っているかを調べることができた。

整理・分析〈多面的思考〉

■ 障がいのある人や高齢者だけでなく，誰もが安心して一人で町へ出かけて生活できることを願い，自分のボランティア計画を考えることができた。

まとめ・表現〈説得力〉

■ 全ての人に優しい町にするためには，自分でできることや人と協力して助け合いながらすべきことは何かを考え，まとめて伝えることができた。

主体的に学習に取り組む態度〈社会の一員としての自覚〉

■ 障がいのある人や高齢者に対する思いやりの心は，ちょっとした自分の心掛けであることに気付き，障がいのある人や高齢者に手をさしのべることが社会で生きていくために必要なことだと気付いていた。

事例2 高齢者，健康　～命のつながりを考えよう～

課題設定〈問題解決能力〉

■「命のつながりを探す」という課題を設定し，自分の家族や自分の命をつくっている食べ物と自分の命のつながりを考えて，「命の旅行記」という方法で情報を発信することを決めることができた。

計画立案〈見通しをもつ力〉

■ 命に関することで，調べてきた内容について，文章で紹介すること，写真や絵として表現することなどを明確にし，旅行記に書く内容を決め，全体の見通しをもつことができた。

情報収集〈情報選択能力〉

■ インターネットや書籍などで調べたことやインタビューで取材したことなどの情報を旅行記として表現するために，どれが適切で有効な情報かを選択することができた。

整理・分析〈論理的思考〉

■ 旅行記を読む人の立場になって考え，文字の大きさや色，言葉遣いや全体の構成などをグループでアドバイスし合いながら，分かりやすく工夫して表現することができた。

まとめ・表現〈実践力〉

■ 多くの人に見てもらえるように，自分がつくった「命の旅行記」を学校のホームページにも掲載できるようにしたり，図書館に置いてもらったりするなど実践的に行動することができた。

主体的に学習に取り組む態度〈他者との協働〉

■ 旅行記で表現することを通して，社会の人に自分の考えたことを発表する値打ちを理解し，より価値のある内容を表現しようとする気持ちをもち，他者と共に生きることの大切さを実感しようとしていた。

人権・平和

事例1 平和　～命を脅かすものをなくそう～

課題設定〈問題解決能力〉

■ 新聞やテレビのニュースなどから，戦争や震災による被害について知り，その原因や現状を調べたいという願いをもち，平和にするための方法を考えることができた。

計画立案〈見通しをもつ力〉

■ 世の中にある命を脅かすことやそれに対する苦しみや悲しみなどについて調べ，自分にできることは何かを考えて発信する計画を立てることができた。

情報収集〈情報収集能力〉

■ 地域のお年寄りから戦争や震災などの体験談を聞き，新聞やテレビなどのニュースからその苦しみや悲しみを調べ，それを解決するための情報を集めることができた。

整理・分析〈意思決定する力〉

■ 調べていく中で，なぜそのような状況が起きるのかという原因と結果が結びつかないことに出合うが，それを解決するためには人々の関わりが必要であることに気付くことができた。

まとめ・表現〈情報発信能力〉

■ 調べたことをプレゼンテーションすることを通して，命を脅かすものをなくす必要性と自分たちの身の回りにも起こり得る出来事であることを伝えることができた。

主体的に学習に取り組む態度〈他者との協働〉

■ 命を大切にして，仲間と仲よく暮らすことの大切さに気付き，日常生活において人が嫌がることをしないようにしたり，仲間の幸せを考えた暮らしをしたりしようと心に決めようとしていた。

事例2 差別・いじめ・ジェンダー　～男の子と女の子の境目って何？～

課題設定〈課題を見つける力〉

■ 男子と女子のトラブルから「男だから」「女だから」ということに注目し，「だから」の意味を考え，男女の違いは何かを考え，今後の在り方を探ることができた。

計画立案〈計画立案能力〉

■ 男子と女子における固定概念や偏見について調べるために，祖父母，父母，兄弟の考えを調べる計画を立てることができた。

情報収集〈情報処理能力〉

■ 男女差別について調べるために，学級の友達に「だから」という見方で行動したことがあるかアンケートを作成し，項目を選んで図表化することができた。

整理・分析〈多面的思考〉

■ 自分たちには，男子と女子における固定概念や偏見を「なくそう」とする取り組みが必要なことが分かり，様々な立場や年齢による考え方の違いから自分の考えをつくることができた。

まとめ・表現〈説得力〉

■「男の子と女の子の境目新聞」を挿絵や写真，図表などを使って，分かりやすくまとめ，学校内外に配布し，問題を提起することができた。

主体的に学習に取り組む態度〈自ら振り返る力〉

■ 今まで当然のこととして見過ごしていた男女差別や偏見に対して，当たり前だと思っていることが当たり前ではないということに気付き，これからの行動を考えていこうという姿勢をもとうとしていた。

教科等の発展

事例1 伝統的な言語文化　～地域に由来する短歌や俳句を探ろう～

課題設定〈課題を見つける力〉

■ 国語で学習した短歌や俳句を振り返り，自分たちの地域に由来する短歌や俳句について調べ，地域の特色を知って発信しようという課題を見つけることができた。

計画立案〈計画立案能力〉

■ 社会科で学習した地域の探検を振り返り，町にある短歌や俳句の碑を調査し，地図にまとめてリーフレットとして発信していくための学習計画を立てることができた。

情報収集〈情報収集能力〉

■ 自分たちが住んでいる町の公民館や図書館，文化施設などを訪問し，地域の短歌や俳句や，記念碑などの写真を撮影するなどして，様々な情報を集めることができた。

整理・分析〈意思決定する力〉

■ 集めた情報をより効果的にリーフレットとして完成させるために，どの情報を選び，どのようなレイアウトで作成したらいいかを判断することができた。

まとめ・表現〈実践力〉

■ できあがったリーフレットを地域の文化施設に届け，自分たちも地域の文化を大切にしたいという思いを伝え，自らも短歌や俳句をつくっていくことを発信することができた。

主体的に学習に取り組む態度〈自ら振り返る力〉

■ リーフレットづくりを通して，自分たちも町をつくり出す担い手であることを自覚し，地域に貢献できることはないだろうかという姿勢で生活していこうとしていた。

事例2 自然・地域理解　～わが町五感地図をつくろう～

課題設定〈課題をつくる力〉

■ 社会科や理科の学習から，自分たちの町の魅力ある「ひと・もの・こと」について調べ，それを五感地図にまとめて発信し，自分たちの町のことを知ってもらいたいという願いをもつことができた。

計画立案〈見通しをもつ力〉

■ 地図を見て，どんな「ひと・もの・こと」があるのかを考え，事前に何を調査するのかを計画し，それぞれの場所で五感を使って調査できるように見通しをもって学習に取り組むことができた。

情報収集〈情報選択能力〉

■ 地図を基にフィールドワークを行い，そこで得た情報を五感で捉えたものとして分類し，地図にどんな情報を掲載しようかと考えながら活動することができた。

整理・分析〈総合的な思考・判断〉

■ 地図を作成することによって伝えられる情報が限られているので，写真や関連するURLを掲載したりするなど，できるだけ多くの人に見てもらえるように工夫することができた。

まとめ・表現〈情報発信能力〉

■ できあがった地図を基に，縦割り班の下級生や地域学習をする3年生にプレゼンテーションし，多くの人に知ってもらおうと努力することができた。

主体的に学習に取り組む態度〈知識を応用し総合する力〉

■ 地域にある「ひと・もの・こと」の素晴らしさを実感し，それらが豊富にある地域のよさが分かり，地域を大切にしていこうという気持ちを強めていた。

地域・学校

事例1 文化　～おばあちゃん・おじいちゃんの知恵袋を受け継ごう～

課題設定〈課題をつくる力〉

■ 地域の高齢者との交流を通じて，昔から人が世代を超えて受け継いできた生活の知恵があることを知り，それを受け継ぎ，次の世代へ残していけるような取り組みを考える必要性を感じることができた。

計画立案〈計画立案能力〉

■ 知恵袋作成のために，高齢者にインタビューしたり，図書資料やインターネット資料から情報を得たりして，計画的に取り組むことができた。

情報収集〈情報選択能力〉

■ 集めた情報を衣・食・住に分類したり，活用場面や状況を想定したりして，暮らしに役立つ知恵袋にしていこうと話合いを進めることができた。

整理・分析〈情報活用能力〉

■ 集めてきた様々な知恵が実際に役立つのか，あるいは，自分たちにできるのかを確かめながら，より分かりやすく実用的な知恵袋にしていこうと努力することができた。

まとめ・表現〈学習活動に関わる技能・表現〉

■ イラストや写真を活用し，できるだけ簡単で分かりやすい説明文を添え，衣・食・住に分類した目次の知恵袋を作成することができた。

主体的に学習に取り組む態度〈学習への主体的・創造的な態度〉

■ できあがった知恵袋を市役所や公民館に届けるなど，地域に伝わる伝統文化に興味をもち，継承するための粘り強い努力を体験を通して実感していた。

事例2 伝統文化　～わが町自慢パンフレットをつくろう～

課題設定〈課題を見つける力〉

■ 歴史や文化を感じる伝統的な「ひと・もの・こと」があることに気付き，それらを後世に伝えていくために，子ども目線で捉えたパンフレットの作成を思い付き，いいものに仕上げようという課題をもつことができた。

計画立案〈見通しをもつ力〉

■ パンフレットを作成するためには，仲間と一緒に取り組んだほうが効率的であることを考え，インタビューやフィールドワークの計画を立てることができた。

情報収集〈情報収集能力〉

■ 見学先の情報をインターネットを活用して調べたり，インタビューしたりして，パンフレットに載せる候補となるべきものを集めることができた。

整理・分析〈意思決定する力〉

■ グループで分担して，集めた情報をカテゴリー分けし，パンフレット編集会議において，何を強調すべきかを考えてパンフレットをつくることができた。

まとめ・表現〈表現力〉

■ 読んでみたくなるようなパンフレットとするために，挿絵を使ったり，ランキングを考えたりしてまとめ，多くの人たちに分かるように表現することができた。

主体的に学習に取り組む態度〈社会の一員としての自覚〉

■ 地域の伝統文化を守り，継承することの大切さを実感し，パンフレットにまとめたことをどのように下級生につないでいくのかを考え，今後の生活に生かそうとした。

特別活動に関する事実及び所見

学級活動

(1) 学級や学校における生活づくりへの参画

話合い活動

■ お楽しみ会の計画での話合いでは，友達の意見をよく聞き，自分の意見を分かりやすく説明することができた。
■ 遊具での遊び方について，みんなが安全で楽しく遊ぶことができるよう，様々な工夫を提案し，積極的に話合いに参加することができた。
■ 話合いでは，友達の発表に反応しながら聞いたり，自分の考えを付け加えて発言したりするなど，多面的に考え意欲的な姿を見ることができた。
■ 係分担の話合いのときは，楽しい学級生活のために学級に必要な係を見つけ，話合いに意欲的・積極的に参加していけるよう心掛けるとよい。

係活動

■ 自分のやるべきことを覚えて当番の仕事も手際よく行うことができるので，安心して任せることができた。
■ 仲よく助け合って係活動ができるよう，係の分担や仕事内容について，アイデアを出し，楽しく係活動ができるよう考えることができた。
■ 集会係の自覚をもって，集会に向けてクラスのみんなが楽しめる遊びを考えたり計画的に準備したりして，友達と協力してしっかり行うことができた。
■ 日直のときには，持ち物のことや時間割のことなどで，クラスのみんなに役に立つと思う情報を収集していた。より積極的に伝えていけるよう心掛けるとよい。

集会活動

■ お楽しみ集会までの準備を友達と楽しみながら分担し，仲よく集会活動をすることができた。
■ 学習発表会では，友達とともに自分たちのイメージに合ったせりふの言い方を工夫し，休み時間にも進んで練習することができた。
■ 学習発表会での必要な背景や小道具などのものづくりでは，指示がなくても臨機応変に判断して工夫することができた。
■ 誕生日集会で自分の役割をよりよく果たすためには，遊びのルールを友達とともに模造紙に書き，何回も説明の練習をするとよい。

(2) 日常の生活や学習への適応及び健康安全

基本的な生活習慣

■ 週のめあてを決めるときに，「仲よしいっぱいな学級にしたい」という願いをもって，積極的に意見を発表することができた。
■ 夏休みや冬休みの前には，自分の得意なことを伸ばして，楽しく暮らすことができるよう，めあてを考えることができた。
■ 誰にでも分け隔てなく手助けし，人がやりたがらないことも自分から進んで引き受けたりしているので，周りからの信頼も厚い。
■ あいさつ運動の取り組みでは児童会の動きに合わせ，学級の取り組みを学級の全員に声がけできるよう心掛けるとよい。

望ましい人間関係

- 「よいこと見つけをしよう」の学級会では，評価の在り方を提案し，帰りの会では，互いのよさを認め合うことができるように工夫することができた。
- けんかの後の仲直りの方法を具体的に提案し，学級の友達と仲よく生活することができるよう，進んで話合いに参加することができた。
- 「よい言葉や悪い言葉」の話合いでは，みんなが仲よくできるような「ほかほか言葉」を多く見つけ，進んで意見を発表することができた。
- 帰りの会では，互いのよさを認め合うことができるよう進んで話合いに参加できていた。学級の友達と仲よく生活することができるよう接し方を考えるとよい。

健康で安全な生活

- 歯科衛生士の話をよく聞き，自分で丁寧に歯磨きができるよう，何度も練習をすることができた。
- 「健康な体づくり」の学習では，風邪をひかない丈夫な体をつくるためには，外で元気に遊ぶことが大切であることを理解し，意見を発表することができた。
- 「私の大切な体」の学習では，日頃から気を付けていることを自らの経験を交えて発表するなど，意欲的に学習することができた。
- 熱中症にならないよう学級の友達にも呼びかけ，水分補給の大切さを力説していたので，帽子を被って外に出るなど，みんなの手本になるよう努めてほしい。

学校給食と食習慣

- 「何でも食べよう」の学習では，「健康な体をつくるためには，好き嫌いをしないで何でも食べること」が大切だということを友達に詳しく説明することができた。
- 「マナーを守って楽しく給食を食べる」の学習では，積極的に発言し，学級での取り組みを表にまとめることができた。
- 「3つの栄養」の学習では，給食の献立を3つのグループに分ける活動を意欲的に行い，好き嫌いなく食べることの大切さを理解することができた。
- 歯科衛生士から学んだことをよく理解し行動に移すことができていたが，ついつい友達にも強く言いすぎることもあったので，友達の気持ちも考えるよう気を付けることが大切である。

(3) キャリア形成と自己実現

希望や目標をもって生きる

- 学級での話合いや委員会活動での話合いで，「学校生活づくり」に主体的に関わり，自分の経験や意見を生かすことができた。
- 学級での活動や委員会活動で「みんなが楽しい学校」という目標をもち，日常生活での不安や悩みの解決に向け，よりよい意思決定をすることができた。
- 学級目標の実現を目指し，自己のよさを生かしながら将来への見通しをもち，これからの学習への取り組み方や生活の仕方などを考えることができた。
- 「みんなが楽しい学級」になるように自分の経験や意見を生かそうと主体的に関わっていたが，学級での話合いをよりよく進める気配りも大切である。

当番活動

- 友達との違いを認め合いながら，力を合わせて働くことの大切さや自分のよさを生かすことについて考えることができた。
- 学級全員で分担する清掃や給食，日直，飼育，栽培などの当番活動や学級活動などで，力を合わせて働くことや自分のよさについて考えることができた。
■ 係活動，学校内外でのボランティア活動など，学級，学校や地域のために一生懸命に働く活動について考えることができた。
■ 朝や帰りの時間，当番活動を行っている時間などから働くことの大切さやその意義は十分に分かっていたが，さらに地域との連携・協働についても視野を広げてほしい。

学校図書館の活用

■「図書館の利用の仕方」の学習では，次に使う人が気持ちよく使うことができる配慮が大切であることを理解し，正しい本の借り方・返し方を学ぶことができた。
■ みんなの図書館を気持ちよく使うための約束を進んで考えるとともに，学級のみんなによく働きかけることができた。
■ 図書館司書の先生にインタビューし，図書館のよさについてまとめたことを学級会で発表して，貸し出し冊数の増加に貢献することができた。
■ 図書館係として約束を提案し，図書館のよさについて意欲的に発言できた。さらに，次に使う人が気持ちよく使える配慮が大切であると，学級のみんなに働きかけてほしい。

児童会活動

(1) ①児童会集会活動

■ 2学期の学級会で学級の意見を取りまとめて，運動会のスローガンを決める代表委員会に参加し，学級でまとめた意見を具体的に発表することができた。
■ 常にクラス全体のことを考え，学級のまとめ役として行動しつつ，グループでの活動でも友達の意見を聞き仕事に取り組む協調的な態度ができていた。
■ 学年スポーツ集会の実行委員として，ミニサッカーで学年みんなが仲よくなるためのルールを考え，学年集会で提案することができた。
■ 児童会主催のドッジボール大会で6年生の係の指示をよく聞き，友達へも呼びかけて共に行動することができたが，ついつい勝ち負けにこだわるところもあり周囲の声を聞かなくなっていたので，気をつけるとよい。

(1) ②代表委員会活動

■ 3学期の代表委員として，「6年生を送る会」のスローガンや仕事の分担を決める話合いに参加し，学級の仲間の考えをよくまとめて意見を述べることができた。
■ 代表委員会で計画した「6年生を送る会」では，6年生へのプレゼントとして，縦割り掃除でお世話になったリーダーに感謝のメッセージを丁寧に書くことができた。
■ 代表委員会で計画した1年生との交流では，1年生の教室に行き，困っている子がいないかを気にかけ，自ら責任ある行動を起こすことができていた。
■ 代表委員会の話合いでは，高学年の指示を聞き，友達へも呼びかけて熱心に話合いに参加することができたが，こだわるところがあり周囲の声を聞けないときもあった。

(2) 異年齢集団による交流

■ ドッジボール大会では，意欲的に参加するだけでなく，高学年と協力し，会の運営に携わることができた。
■ 異学年ペアで行う「ふるさと祭り」では，地域の方々とも仲よく楽しく交流し，意欲的に参加することができた。
■「音楽交流会」では，ペア学年の合唱の素晴らしさを見つけ，意欲的に意見を発表することができた。
■ 地域の方々とも仲よく楽しく交流した「ふるさと祭り」では，異学年ペアで行動する予定であったが，ややもすると自分だけの楽しみが先行してしまいがちになっていたのが残念だった。

(3) 学校行事への協力

■運動会の児童会種目「大玉転がし」の練習では，高学年のリーダーから学んだことを自分の学年で提案し，ミニリーダーとなって取り組むことができた。
■宝物発表会に向けて，1年間の歩みをクイズにして楽しく表現できるように工夫することができた。
■縦割りミニ遠足では，「よいこと見つけ」というめあてを達成するために，他学年の友達のよさを進んで見つける努力をすることができた。
■「声と動きをそろえよう」と提案し実践した運動会の児童会種目で，力を合わせることの大切さを全校に示し努力していた。周囲の声を聞いて進めることができるとよりよい。

クラブ活動

(1) クラブの組織づくりとクラブ活動の計画や運営

■バスケットボールクラブに所属し，2学期の活動計画を立てるときにリーグ戦やトーナメント戦を行って優勝を決める方法を提案することができた。
■クラブ活動を充実させるための問題に気付き，活動の計画や組織，果たすべき役割などについて考え，話し合い協力して取り組むことができた。
■所属するクラブの目標の実現に向け，クラブとしての意見を異学年を交えてまとめたり，計画を立案したりしてその運営に当たることができた。
■クラブ活動の計画や運営の話合いでの中心になり，違いを認め合い，集団として意見をまとめていたが，異年齢の児童と協力し合うことの難しさに直面し，思うように進まなかった。

(2) クラブを楽しむ活動

■調理クラブの活動で，牛乳を使ったお菓子づくりをしたときに，様々なお菓子のレシピを用意して友達と共に活動することができた。
■昆虫クラブに所属し，夏休み中に採集した昆虫標本をマップにまとめて分かりやすく記録することができた。
■創意工夫を生かした活動や自分の果たすべき役割などについて考え，学級や学年が異なる児童と共によりよい人間関係を形成することができた。
■具体的な目標をもって活動を振り返り，より充実したクラブ活動に向けて課題に取り組んだが，異年齢の児童と協力し合うことの難しさに直面し解決策を見つけられなかった。

(3) クラブの成果の発表

■クラブ発表会では，手芸クラブの製作活動の様子を仲間と協力して紙芝居形式で発表することができた。
■音楽発表会では合唱のピアノ伴奏を担当し，見事な演奏を披露することができた。
■活動の成果について，クラブ全員の発意・発想を生かし協力して，活動内容の紹介や作品の発表を全校児童や地域の人々にすることができた。
■活動内容の紹介や作品の発表をクラブ全員の発意・発想を生かし，協力して発表しようと努力したが，活動の成果について全校児童や地域の人々に伝えきれていなかったので伝えられるようにしてほしい。

学校行事

(1) 儀式的行事

■2学期の始業式では，2学期のめあてを明確にして全校児童の前で具体的に伝えることができた。

■ 開校100周年の記念行事の際には，昔の勉強の様子を再現する劇に取り組み，地域のお年寄りに取材するなど，意欲的な態度が見られた。

■ 3学期の始業式で，「3学期にがんばりたいこと」と題して，主に学習面・生活面で努力していきたいことを作文に書き，全校児童の前で発表することができた。

■ 学期の終わりに係で努力したことを作文に書き，全校児童の前で堂々と発表することができた。次の学期までは続かなかったので，学年での成果として表すことができるとよい。

(2) 文化的行事

■ 2学期の学習発表会では，総合的な学習の時間で取り組んできた「探検○○川，ふるさとの自然を守ろう!」の歩みを，劇にして発表することができた。

■ 演劇鑑賞会ではマナーを守って「○○物語」を鑑賞し，感想や心に残った場面を絵に表すことができた。

■ 校内音楽会までの練習に意欲的に取り組み，鍵盤ハーモニカの演奏は楽譜を見なくてもできるようになった。

■ 音楽鑑賞会で，会場でのマナーを守ろうと私語をしている友達にも呼びかけた態度は素晴らしかったが，時間がたつにつれその気持ちが薄れてきたのは残念だった。

(3) 健康安全・体育的行事

■ 避難訓練のときには安全で早く避難するための約束を理解し，私語をしている友達に小声で注意しながら安全に避難することができた。

■ 運動会の団体種目では，力を合わせるために，互いに声をかけ合うことを提案し，練習に励むことができた。

■ 交通安全教室では，自転車に乗ったときの交差点や踏み切りの安全な渡り方などを確実に習得し，学年の児童の手本となることができた。

■ 運動会の団体競技「学級対抗リレー」でもっと活躍するために，体育の学習で身に付けたバトンパスの練習に意欲的に取り組むとよい。

(4) 遠足・集団宿泊的行事

■ 秋の校外学習で見学した科学館では，他の見学者の迷惑にならないようにマナーを守り，メモをしながら熱心に見学することができた。

■ 遠足の目的地である○○公園まで歩き通すことをめあての一つに挙げ，疲れた友達にも励ましの声をかけながら最後まで歩き終えることができた。

■ 遠足で利用した電車の車内では，「静かにしようよ」と自分から友達に呼びかける姿が見られた。また，公園での昼食後，進んでごみ拾いをすることができた。

■ 秋の校外学習では，学級遊びの係となり，セレモニーやゲームの立案・進行の仕事を果たそうと努めていた。最後までがんばれるよう心掛けてほしい。

(5) 勤労生産・奉仕的行事

■ 全校クリーン運動で，通学路の清掃活動をしたとき，溝にたまっていた落ち葉を黙々と集めて袋に入れるなど，進んで活動することができた。

■ 老人ホームを訪問した際には，交流したお年寄りに心を込めてつくった草花のしおりを手渡しするなど，思いやりのある行動をとることができた。

■ 通学路の清掃活動では，どの辺りにごみや草が多いかあらかじめ調べ，地区の子供会の中で仕事を分担するなど，見通しをもって活動することができた。

■ 収穫祭では，お世話になった地域の方々に心を込めた感謝の言葉を発表した。より大きな声を出せばさらによい発表になる。

行動に関する所見

趣旨 基本的な生活習慣 ▶ **安全に努め，物や時間を有効に使い，礼儀正しく節度のある生活をする。**

安全

■ 交通安全教室では，1年生を優しくリードし，交通ルールを教えることができた。これまでの自分を振り返り，気を付けていこうという気持ちをもつこともできた。

■ 登校のときには，登校班の友達と仲よく，協力しながらみんなで安全に気を付け，登校することができた。

■ 廊下を走らないことや校舎内での遊び方など，学校のルールをよく守り，低学年にも優しく注意し，みんなが楽しく安全に過ごすことができることを大切にしていた。

■ 毎日，登校班で班のみんなと仲よく元気に登校することができた。交通ルールや気を付ける場所など知っていることを，どんどん下の学年に伝えてほしい。

時間厳守・時間の活用

■ 休み時間は外に出て友達と元気よく遊び，チャイムが鳴るとすぐに教室に入り，授業の準備もいつもしっかりと整えることができた。

■ 授業中，時間の見通しをもち，集中してこつこつと丁寧に学習に取り組むことができた。朝の準備や帰りの用意も，時間を守って手際よく進めていた。

■ 全校朝会や教室移動のときには，自分で時間を見通して行動できるだけでなく，友達にも声をかけるなど，みんなも時間を守れるようにリードすることができた。

■ 好奇心が強く，学習に意欲的に取り組んでいる。時間を守って，提出物や授業準備なども行い，もっている力を伸ばしていけるとよい。

物を大切に，整理・整頓

■ 学習用具を丁寧に扱い，自分が使いやすいように引き出しの中を整頓したり，置き場所を決めて片付けたりすることができた。

■ 机の中はいつも自分が使いやすいようにきれいに整理・整頓されており，学習の準備も早くすることができた。

■ 持ち物は，決められた場所に，きれいに整頓して片付けたり，物を丁寧に扱って大切にしたりすることができた。

■ 図画工作の後などにも手際よく片付け，元の場所にきちんと戻すだけでなく，使える材料を整理してまとめたりするなど，物を大切にすることもできた。

■ いろいろなことに「やってみたい」という気持ちで取り組んでいた。見直したり，片付けたりすることも大切にできるとよい。

あいさつ・身だしなみ

■ 誰に対しても自分から進んであいさつをすることができた。来客にも自分から元気に「こんにちは」とすてきなあいさつをすることができた。

■ 身の回りのことや身だしなみを整える習慣が身に付いている。体育の後も体操服をきれいにたたんで片付け，自分の衣服をしっかりと整えることもできた。

■ 職員室に出入りするときには帽子を脱いで「失礼します」「失礼しました」としっかりとあいさつし，丁寧な言葉遣いをするなど，場を意識した行動ができた。

■ 朝，「おはよう」と声をかけると，いつもすてきな笑顔を返していた。自分からも，いろいろな人にあいさつして，笑顔を交わしていってほしい。

規則正しい生活

■ 家庭での学習時間や時間割を合わせる時間を決め，それを守り続けることができた。提出物にいつも丁寧に取り組み，決められた期限を守ることができた。

■休み時間は友達と元気いっぱいに遊び，学習時間には，集中して意欲的に学習に取り組んでいた。規則正しい生活ができていることがうかがえた。

■学校生活の中で，休み時間と学習時間のけじめを付けることができるだけでなく，家でも学習時間と遊ぶ時間を決めるなど，生活リズムを考えて行動することができた。

■学習時間には，知的好奇心旺盛で意欲的に取り組む姿がある。家庭学習の習慣を身に付けて取り組むことでさらに力を発揮してほしい。

礼儀正しさ・言葉遣い

■発表するときだけでなく，日常から「～です」「～ます」などと誰に対しても丁寧な言葉遣いができた。

■来客に，丁寧にあいさつをしたり，言葉遣いに気を配ったりすることができた。時や場所も考えて行動できた。

■友達に手伝ってもらうことがあると，心を込めて「ありがとう」と伝えるなど，みんなに対して誠実に礼儀正しく接することができた。

■ゲストティーチャーやお客様に進んで話しかけ，親しくなることができた。言葉遣いにも心を配って，相手を大切に思う気持ちを届けてほしい。

趣旨 健康・体力の向上 ▶心身の健康に気を付け，運動をする習慣を身に付け，元気に生活をする。

運動への取り組み

■休み時間には，運動場に出て「遊ぼう」と友達や低学年にも声をかけ，元気いっぱい，体を動かして遊ぶことができた。

■サッカーが上手になりたいと，休み時間はいつも友達と一緒にサッカーの練習に励み，どんどん上達できた。

■マラソン大会の前には，自分で目標タイムを設定し，休み時間ごとに練習するなど，とても意欲的に練習を重ねていた。

■休み時間は，友達と仲よく過ごすことができていた。運動場での遊びにも挑戦して，いろいろな遊びを経験できるとよい。

食事

■いつも給食を楽しみにしていた。好き嫌いせず，食事のマナーを守り，楽しく食べることができた。

■給食のときには，好き嫌いせず，いろいろな味付けや初めての献立も楽しみながら，いつも残さず，しっかりと食べることができた。

■嫌いだった野菜も少しずつ食べようと努力していた。だんだんと食べられる量が増え，ほとんど残さずに食べることができるようになった。

■食べる前に，自分で食べきれる量を調節して，残さずに食べるように気を付けることができた。苦手なものにも，少しずつ自分で挑戦していってほしい。

健康管理

■運動場から戻ると，うがいや手洗いをするように心掛けていた。給食の後も，進んで歯磨きをして，健康に気を付けることができた。

■衣服を調節したり，風邪が流行するとマスクをしたりして，自分で風邪を予防するなど，健康管理に気を配ることができた。

■読書のときの姿勢や明るさに気を付けたり清潔なハンカチを持つようにしたりして，毎日の生活の中で，健康や衛生に気を配ることができた。

■休み時間は，外で元気いっぱい体を動かして遊ぶことができた。自分で手洗い，うがいなど体調を維持する工夫にも気を配っていってほしい。

遅刻・早退・欠席

- ■元気に外でよく遊び丈夫な体づくりができた。1年間，1日も休まず元気に登校することができた。
- ■毎日，長い距離をしっかりと歩いて，元気に登下校することができた。1年間，遅刻も欠席なく過ごすことができた。
- ■風邪が流行すると，うがいや手洗いなどに進んで取り組み，自分で体調管理ができた。1年間，休まず，元気に登校することができた。
- ■学校生活を友達と楽しく過ごすことができた。1日の生活リズムを見直したり，整えたりして，登校時間を守って登校し，学校生活をより楽しいものにできるとよい。

趣旨 自主・自律 ▶ 自らの目標をもって進んで行い，最後までねばり強くやり通す。

自主的な行動

- ■当番や係活動では，仕事の見通しをもち，手際よく計画的に取り組むなど自分でどんどん仕事を進めていくことができた。
- ■学級の「遊び企画係」として，様々なアイデアを出し，計画や準備など自主的に進めることができた。
- ■登校班で低学年が困っていたり，もめごとがあったりすると，話を聞いて，力を貸そうとする姿があった。よいと思うことを進んで行うことができた。
- ■当番や係活動など，しっかりと友達をサポートし，仕事を進める姿があった。自信をもって，よいと思ったことをどんどん行動に移せるとよい。

向上心・目的

- ■体育で縄跳びや鉄棒などに取り組んだとき，より高い目標に向けて休み時間も練習するなど努力を積み重ねることができた。
- ■難しい課題にも，試行錯誤しながら粘り強く取り組むなど，めあてに向かって丁寧に努力を重ねることができた。
- ■学級会では，学級遊びについて，進んでいろいろなアイデアを出し，みんなが楽しめるように，よりよくしようと力を発揮していた。
- ■新しく取り組むことに，興味をもって意欲的に取り組んでいた。苦手なことにも挑戦したり，努力したりできるとよい。

決断力

- ■学級の話合いでは，同意見の人が少なくても，自分の考えをしっかりともって，みんなに伝えていくことができた。
- ■人の言葉に流されるのではなく，「いけないことはいけない」と自分でしっかりと判断し，伝えていくことができた。
- ■困っている友達がいると，さっと手伝ったり，声をかけたりしていた。友達のために自分にできることを考えて行動することができた。
- ■学級会の後，自分が考えたことをたくさん話してくれた。自信をもって，自分のよいと思うことをみんなにも伝えられるとよい。

趣旨 責任感 ▶ 自分の言動に責任をもち，課せられた役割を誠意をもって行う。

責任の自覚・指導性

- ■いったん任され引き受けた仕事は，時間がかかっても，責任をもって最後までやりきることができた。

■ 係や当番の仕事など任されたことは，責任をもって誠実に取り組むことができた。
■ 係のリーダーに立候補して新しい企画を提案したりみんなに声をかけたりして，責任をもって取り組み，力を発揮することができた。
■ 興味をもったことに大変意欲的であり，力を発揮していた。当番や日直の仕事など，任されたことに積極的に対応できるとよい。

役割の遂行

■ 遊び係のリーダーとして，学級遊びの内容を提案したり使う道具の準備を進めたりして，みんなで楽しく遊ぶことができるように一生懸命に取り組むことができた。
■ 遠足の班行動では，班のリーダーに立候補し，班の友達に気を配ったり時程を確認したりして，責任をもって，立派に引き受けた役割をやり遂げることができた。
■ 引き受けた仕事に対して，どんなことでも責任をもって，誠実に取り組むことができた。
■ いろいろな係に立候補するなど，学級の仕事に興味や意欲をもつことができた。準備や練習などにも時間をかけながら，引き受けたことに力を発揮してほしい。

趣旨　創意工夫　▶ 自分でよく考え，課題意識をもって工夫し取り組む。

工夫・アイデア

■ 学級会では，いつも友達の意見をしっかりと聞きながら，いろいろな提案をして，話合いを深めたり広げたりすることができた。
■ 遊び係として，発想豊かに，みんなが楽しめる遊びを考えたり，イベントを企画したりするなど，みんなのためにいろいろな工夫を凝らして取り組むことができた。
■ 図書係として，1年生への読み聞かせや学級のみんなへ本の紹介を計画するなど，工夫して取り組んでいくことができた。
■ 学級会では，友達の意見をしっかりと聞きながら，たくさん考えていた。考えたアイデアや工夫は，どんどんみんなに伝えられるとよい。

好奇心・探究心

■ 国語の説明的文章の学習で昆虫に興味をもち，図書館で調べながら自分で図鑑づくりを始めるなど，探究心が旺盛である。
■ 新しく学ぶことに，知的好奇心や探究心が旺盛で目を輝かせて取り組むことができた。
■ ゲストティーチャーに，不思議に思ったことをたくさん質問するなど，新しい知識を得ることをとても楽しんでいた。
■ 興味をもったことに，自分からどんどん挑戦して，自分の力を広げたり，伸ばしたりできるとよい。

実践に生かす態度

■ テストの結果を必ず振り返り，できなかった原因を考えて，次にはできるようにと繰り返し学習することができた。
■ みんなで楽しいことをしたいとクラスのイベントを企画し，計画を立てたり，必要なものを集めたりするなど，自分でどんどん仕事を進めていくことができた。
■ 班活動では，発想豊かに，いろいろなアイデアを提案しながら，話合いや班発表の準備を進めることができた。
■ 教育実習の先生とのお別れ会をしようと提案し，計画を立て準備を進めていた。学級みんなで心の込もった会を開くことができた。
■ いろいろなアイデアが次々と生まれ，学級の話合いで提案していくことができた。みんなをサポートしながら，アイデアを形にしていってほしい。

趣旨 **思いやり・協力** ▶ **相手の気持ちや立場を理解して思いやり，仲よく助け合う。**

相手の立場を尊重する

■ 友達のよいところをたくさん見つけることができていた。話合いのときには，自分の意見と異なっても，相手の考えのよさを受け止め，考えていくことができた。

■ 班の話合いでは，友達みんなの意見を聞き整理するなど，みんなの考えを大切にしながら進めていくことができた。

■ 意見の食い違いがあっても，相手の考えをしっかりと聞いてから，自分の考えを伝えることができた。

■ 班活動のときなど，主体的に取り組むことができた。班の友達の様子を見たり，サポートしたりしながら，より充実した班活動にしていってほしい。

人への親切

■ けがや体調を崩した友達がいると，保健室に連れて行ったり身の回りのことを手伝ったりするなど，友達への優しい気持ちが表れていた。

■ 当番の仕事をさりげなく手伝ったり，困っている友達の話を聞いたりするなど，友達を大切にする優しい姿が見られた。

■ 雨の中，たくさんの荷物を持って下校する低学年と一緒になったとき，声をかけて荷物を持つなど，誰に対しても優しい心で自分から親切にすることができた。

■ 困っている友達がいると，いつもそっと知らせてくれるなど，優しい心の持ち主である。自分からも友達に声をかけて，相手に優しい心を届けてほしい。

助け合い・協力

■ 係や当番が前に出ると，一生懸命に説明を聞いて友達にも声をかけ，みんなで楽しもう，協力していこうという気持ちで取り組むことができた。

■ 学級会のときには，自分の考えをうまく言えなくて困っている友達がいると，話を聞いてみんなに伝えていくなど，自分の力を友達のために使うことができた。

■ 困っている友達がいると，そっと手伝うなど，自分にできることを見つけて協力していくことができた。

■ 何事にも意欲的に取り組み，課題や仕事をどんどん進めていくことができた。周りの友達を手伝ったりしながら，みんなの中でも力を発揮していってほしい。

感謝の気持ち

■ ゲストティーチャーに，丁寧に心を込めてお礼の手紙を書くなど，相手の心遣いをしっかりと受け止め，感謝の気持ちを伝えていくことができた。

■ 係や当番のときなど，力を貸してくれた友達に，「ありがとう」と素直な心で感謝の気持ちを伝えていた。

■ 毎日，登校を見守ってくれる地域の方に，感謝の気持ちを込めて，いつも大きな声であいさつをすることができた。

■ 周りの人からの思いやりに，嬉しそうな笑顔を見せていた。気持ちと言葉を重ねて「ありがとう」を伝えていってほしい。

趣旨 **生命尊重・自然愛護** ▶ **自他の生命を大切にし，生命や自然のすばらしさに感動する。**

自他の生命尊重

■ 登校班会議では，危険だと思う場所をみんなに教えるなど，みんなで安全に登校できるようにと話合いに積極的に参加していた。

■ 自分の成長についての学習の後，自分だけでなく友達の成長にもしっかりと目を向け，一人ひとりが大切な存在であることに改めて気付くことができた。
■ 避難訓練のときには，しっかりと事前学習に取り組み，訓練では，そのことを生かしてすばやく適切な行動をとることができた。
■ 何事にも興味をもって，意欲的に取り組んでいく姿勢が見られた。周りの状況や安全に気を付けることにも目を向けて，力を発揮してほしい。

自分の存在価値

■ 自分の課題だけでなく，自分のよさにもしっかりと目を向けることができた。「よいところさがし」では，よいところを自信をもって発表することができた。
■ 2分の1成人式に向けて，家の人へのインタビューをしたり，生まれた頃のことを調べたりする中で，大切にされている自分を実感することができた。
■ 身長・体重測定のときには，自分の成長を喜び，これからの成長を楽しみにする姿が見られた。
■ 友達のよいところをたくさん見つけることができる温かい心の持ち主である。自分のすてきなよさもたくさんあることに，心を向けていってほしい。

動植物への愛情

■ 登校すると，すぐに教室で育てている花のところへ行き，毎日欠かさず観察したり水やりをしたりしていた。花の小さな成長を見つけ，その成長を喜ぶ姿があった。
■ 校庭の草花に興味をもち，写真を撮ったり図鑑で調べたりしていた。季節による移り変わりにも気付き，みんなに知らせていた。
■ 学級で「昆虫博士」と呼ばれるほど，昆虫好きで物知りである。昆虫の生態について話をすると，生命の不思議やすばらしさを熱心に語っていた。
■ 学級園の植物の成長をとても喜び，楽しみにしていた。成長を支えるために世話が必要なことにも目を向けて，より喜びやすばらしさを感じてほしい。

自然環境保護

■ 校外学習では，進んでごみを拾い，学校まで持ち帰るなど，美しい環境を守ろうと努めることができた。
■ ごみを食べて命を落とした動物がいる事実を知り，自分にできることを考え，ごみを拾ったりポスターで呼びかけたりするなど，命を守ろうとする姿が見られた。
■ 社会科でごみ問題について学んでから，ごみの分別への意識が高くなったり，物を大切に使うようになったりするなど，環境を守ろうと気を付けることができた。
■ 社会科では，ごみや水についての学習に意欲的に取り組んでいた。身の回りにも目を向け，自分にできることを考えていってほしい。

趣旨　勤労・奉仕　▶ 働くことの大切さを知り，進んで働くようにする。

積極的な行動

■ 給食当番や掃除当番などの仕事が残っていることに気付くと，みんなのために自分から進んで仕事を引き受けて，最後まで一生懸命に取り組んでいた。
■ 床のぞうきんがけを担当したときには，床に付いた絵の具や墨を，時間がかかっても，丁寧に拭き取っていた。いつもみんなのためにと一生懸命になることができた。
■ 教室の本箱が乱れていると，気付いてさっと整理・整頓するなど，進んでみんなのために働くことができた。
■ 当番の仕事など，声をかけられるとすぐに気持ちよく仕事に向かい，がんばることができた。自分から進んで取り組み，力を発揮していってほしい。

手伝い

■ 当番や係の仕事など，自分の仕事が終わると，終わっていない仕事を進んで手伝うことができた。
■ 給食当番に欠席があると進んで仕事を引き受けて，早く準備ができるように学級全体のことを考えて行動することができた。
■ 学級の荷物を運んだり，教室の整頓をしたりするなど，みんなのために進んで学級の仕事を気持ちよく引き受けがんばることができた。
■ 当番や係の仕事などに計画的に取り組み，早く終えることができていた。なかなか終われない班に，やり方を教えたり手伝ったりできるとよい。

当番・係の遂行

■ 日直のときには，みんなをリードしてあいさつをしたり，司会をしたりすることができた。任されたことに責任をもって，しっかりと取り組むことができた。
■ 遊び係として，みんなが楽しめる遊びを企画したり準備物を用意したりして，みんなのために任されたことに一生懸命に取り組むことができた。
■ 給食当番のときには，こぼれたものを丁寧に片付けたり食器かごを並べていたりして，みんなのことを考えながら，誠実に取り組むことができた。
■ 日直として，みんなをリードしがんばる姿が見られた。掃除当番などの苦手だなと思っていることにも，みんなをリードできる力を発揮して，がんばってほしい。

グループ・集団学習

■ 低学年との合同学習では，低学年のことを気遣って，あらかじめ準備をしたり当日は声をかけたりして，みんなで楽しく学習できるように進んで力を発揮することができた。
■ 班で学習するときには，メンバーを確認したり道具を用意したりするなどみんなのためにできることを見つけて，力を発揮することができた。
■ 班活動では，忘れ物があると快く自分の物を貸して一緒に使ったり，友達の分の仕事を手伝ったりするなど，班のみんなのことを考えながら取り組むことができた。
■ 班学習のときには，やってもらいたいことや考えを伝え，意欲的に取り組んでいた。友達の考えを聞いたり，手伝ったりしながら，みんなをリードできるとよい。

ボランティア活動

■ 学校のトイレのスリッパが散らばっていると，一足ずつきれいにそろえて直すなど，みんなのためになることを進んで行うことができた。
■ 地域学習の中で，地域の空き缶集めのボランティアを知り，「自分たちもできる。参加しよう」と呼びかけていた。ポスターなどもつくり，たくさんの空き缶を集めることができた。
■ 学級委員として，児童会の募金活動に意欲的に参加していた。クラスのみんなに募金活動の意義を説明したり，毎朝，募金の呼びかけをしたりするなどよくがんばっていた。
■ ニュースなどから，全国で行われているボランティア活動に興味をもっていた。身近でできるボランティアにも目を向け，どんどん挑戦していってほしい。

趣旨　公正・公平　▶ 相手の立場に立って公正・公平に行動する。

公正な判断

■ 自分にとって嫌なことは，友達にとっても嫌なことだという考えに立って，誰に対しても接することができた。
■ 話合いのときなど，自分の損得や提案者が誰かにかかわらず，よいと思うことや正しいと思うことを大切にして，考えることができた。

■ ゲームの審判になったときには，誰かが嫌な思いをしないように，できるだけ正しく判定しようと，一生懸命に取り組むことができた。

■ 学級会で意見が対立したときにも，自分の考えをしっかりと伝えていた。双方の意見を整理したり，じっくり考えたりすることも大切にしていってほしい。

公正・公平な行動

■ 困っている人がいると，声をかけたり手伝ったりするなど，誰に対しても分け隔てなく優しい心で接することができた。

■ 班の話合いのときには，誰に対しても優しく声をかけ，みんなが意見を言える雰囲気をつくっていた。みんなで楽しく話合いを進めていくことができた。

■ 班での話合いでは，自分のことだけを考えたり，決まった人が有利になるように進めたりすることなく，よく考えてよいと思うことを大切にすることができた。

■ 友達が困っていると，優しく寄り添っている姿を見かけた。友達にも，その優しい気持ちが広がるよう声がけができるとよい。

正義感

■ 学級の話合いで，たとえ自分一人だけの意見であっても，よく考えて自分が正しいと思ったことは，その理由を丁寧に説明し伝えることができた。

■ ルールを守らない友達には，誰に対しても声をかけていた。ルールの大切さを理解し，みんなに進んで伝えることができた。

■ 誰に対しても，よくない行動には毅然とした態度で臨むなど，正しいと思うことを勇気をもって行動に移すことができた。

■ 班の話合いでは，友達の考えをしっかりと聞き，よく考えていた。自分が正しいと思うことは自信をもって，しっかりと伝えていってほしい。

趣旨 公共心・公徳心

▶ **約束や社会のきまりを守って公徳を大切にし，人に迷惑をかけないように心掛け，のびのびと生活する。**

きまり・規則の遵守

■ 学級で話し合って決めた約束の意味や大切さを理解し，進んで約束を守って過ごすことができた。

■ 廊下を走っている低学年に優しく注意をするなど，きまりの意味を理解し，低学年にもその大切さを伝えていくことができた。

■ 学校のきまりを守ることを心掛け，一緒に遊んでいる友達にも声をかけて，みんなできまりを守っていくことができるように働きかけることができた。

■ 学校のきまりをよく理解し，しっかりと守ることができていた。自分がきまりを守るだけでなく，友達にもどんどん働きかけられるとよい。

公共物の利用

■ 遠足で電車を使ったときには，ホームや電車内でマナーを守って過ごすことができた。いろいろな人が電車に乗っていることを考えた行動ができた。

■ 図書室の本を丁寧に扱ったり，学級の鉛筆削りをきれいにしたりするなど，みんなで使う物を大切にしていくことができた。

■ みんなが使う物を大切に使うことができた。物が傷まないように，次の人が気持ちよく使えるようにと，丁寧に後片付けをすることができた。

■ 竹馬や一輪車などを，たくさん練習してどんどん上達していた。次の人が気持ちよく使えるような片付けの仕方にも，心を配っていってほしい。

集団秩序

■ 掃除などの仕事の分担を決めるときには，公平に決めることができるようにいろいろな決め方を提案することができた。
■ みんなで活動するときには，順番を決めたり譲り合うことを提案したりするなど，仲よくできるように考え，みんなに声をかけることができた。
■ 学級会では，よりよい学級にしたいという思いをもって，自分の考えをみんなに投げかけることができた。
■ 意欲旺盛で，いろいろなことに興味をもって取り組むことができた。周りの状況や友達の様子などにも心を配りながら取り組み，力を生かしていってほしい。

文化・伝統への思い

■ 地域にある施設や文化財の見学では，係の人の話に目を輝かせて聞き入ったり質問したりしていた。地域の歴史に興味をもって，自分で調べ，学級で紹介していた。
■ ALTの先生に他の国の暮らしを教えてもらう中で，違う国のことももっと知りたいと関心が高まり，違う国の暮らしや違う言語にも興味をもつことができた。
■ 地域学習の中で，地域の伝統行事に興味をもち，自分から積極的に調べて参加していた。
■ 社会科の学習で，地域の昔の様子について知ることができた。昔から伝わるものや行事に込められた願いやよさにも目を向けていってほしい。

低学年
中学年
高学年

行動に関する全般的な特徴など

性格と行動

■ 明るく朗らかで，休み時間はたくさんの友達と過ごし，楽しい話をして学級を笑顔にしていくことができた。
■ 困っている友達がいると，いつもそっと寄り添うことができる，友達思いの優しい心の持ち主である。
■ 難しい課題や苦手だと思うようなことにも，誠実にこつこつと努力を重ねながら取り組んでいくことができた。
■ 知的好奇心や探究心が旺盛で，興味をもったことを自分で調べて，広げたり深めたりしていた。
■ 初めてのことや新しいことに興味をもって，どんどん挑戦していくことができた。こつこつと練習や努力を重ねることも大切にして力を生かしていってほしい。

信頼度

■ 当番や係の仕事など，任されたことに一生懸命取り組むことができた。みんなから頼られる存在である。
■ 誰に対しても分け隔てなく，友達に優しく接する姿からみんなに慕われ，信頼も厚い存在である。
■ 班長として，みんなの意見を聞いて活動を進めることができ，みんなから頼りにされていた。
■ 積極的にいろいろなことに立候補し，やり遂げようとよく努力していた。みんなの協力を得ることで，よりよくなることがあることも経験してほしい。

不登校

■ 4月は新しい環境が不安で，教室で過ごすことに抵抗があったが，安心できる友達と出会うことができ，教室で過ごす時間が増えて，笑顔が見られるようになった。
■ 担任と相談しながら，1週間ごとに学校生活の計画や目標を立てて，相談室で学習を進めることができた。計画や目標を実行しようとよく努力していた。
■ 1学期は登校時間に間に合わないことが多かったが，自分で生活のリズムを見直す中で，少しずつ間に合う日が増えてきた。この調子でがんばってほしい。
■ 苦手なことがあると，登校しにくい日があった。先生や友達からもらった苦手な時間の過ごし方のアイデアを活用することに挑戦してみてほしい。

児童の特徴・特技，学校内外に関する諸事項等

特　徴

個性

・学級対抗水泳大会では司会を務めるなど，物おじせず積極的に振る舞うことができた。また，誰に対しても明るく話しかけ，多くの友達と穏やかに休み時間を過ごす姿が見られた。
・毎日の自主勉強は，1年間継続して苦手とする計算に取り組んだ。その成果が現れ，3学期には算数の成績が上昇した。何事にも熱心に取り組む姿勢は，友達のよい手本となった。
・宿題などの課題や係活動などに対して誠実に取り組むため，仲間からも信頼された。

趣味

・漫画が好きで，学校では漫画クラブに所属している。多くの漫画を読み，タッチの違いや表現の仕方などを調べ，ノートにまとめていた。
・毎日の自主勉強は1年間継続して昆虫について調べ，ノートにまとめることができた。豊富な知識を友達に話し，仲間からは「昆虫博士」と呼ばれている。
・お笑いが好きで，学級集会では仲間とトリオを組みネタを自分でつくり披露した。また，漫才クラブを結成するなどムードメーカーとなった。

特　技

一般

・珠算教室に通っていることもあり計算が速く，暗算で素早く正確に答えを出すことができた。
・中国に在住経験があり，中国語でのあいさつや簡単な日常英会話ができる。学級集会では中国語ミニ講座を開くなど，自信をもって自分の得意なことを披露することができた。
・手品に興味があり，図書室で本を借りて熱心に練習し，様々な技を身に付けている。学年のデイキャンプでは手品を披露し仲間を驚かせた。

スポーツ

・地域のサッカークラブに所属している。週末の練習には休まず参加し，異学年の仲間とも熱心に練習しており，技能と体力が向上してきた。
・就学前からラグビーチームに所属し熱心に練習を行っている。技術のみならず仲間とのコミュニケーションの取り方なども身に付き，心身共に健康に過ごすことができた。
・新体操クラブに所属し，個人や団体演技の練習に取り組んでいる。○月に開催された○地方新体操大会においては個人部門で銀賞を受賞し，大きな自信となった。

芸術

・ピアノを熱心に習い，音楽集会では，学年合唱の伴奏をこなした。
・木工が好きで，保護者と木工教室に通っている。夏休みの自由研究ではその成果として椅子をつくり，校内展示コーナーに展示された。
・絵を描くことが好きで人物画や風景画などを本を参考にしながら描いている。教室の作品コーナーにはいつも作品を掲示し教室の雰囲気を引き立てることができた。

学校内外の奉仕活動

ボランティア活動

- 校内のウサギのえさやりや，ウサギ小屋の清掃などを行い，積極的に生き物と触れ合うことができた。
- 仲間とボランティアクラブを立ち上げ，プルタブ集めを学校全体に呼びかけたり，地域のごみ拾いをしたりして，積極的に活動した。
- 月一度の就学前幼児とのふれあい会に保護者と共に参加し，折り紙やあやとり，ボール遊びなどをして幼児と積極的に関わった。

人との交流（高齢者・障がい者）

- 弱視の友達に対しメモを大きな字で書いたり，ゆっくりと話をしたりして，常に友達の力になろうとしていた。
- 地域の公民館の車いすダンス教室に通い，車いすの方との交流を積極的に行ったり，必要に応じて介助したりするなど楽しみながら活動することができた。
- 地域の高齢者施設を友達と訪問し，学校で育てた花やミニトマトをプレゼントしたり，一緒に健康体操などをしたりして積極的に高齢者と関わろうとしていた。

表彰を受けた行為や活動

表彰

- 夏休みに「科学の芽」に応募し，○○賞に全国入賞した。作品はインターネットで公表されるとともに，授賞式に参加しその努力をたたえられた。
- 3歳から書道を習い，「消防標語」の習字部門大会において入賞を果たした。また硬筆も習い始め，ノートの字も確実に丁寧になった。
- リサイクル運動に1年間積極的に参加し，善行賞を受賞した。今も周りの人に声をかけ，プルタブを集めるなどの活動を続けている。

感謝状

- 溝にはまった幼児を見つけ，地域の大人に助けを求めるとともに，助けが来るまでの間，仲間と共に励ましの声をかけ続けた。その後，この行為に対し，警察署より感謝状が贈られた。
- 動物愛護について地域住民に訴えるためにポスターを描いたり，商店街で募金活動をしたりしたことに対し，市から感謝状が贈られた。
- 町内の植え込みに花の苗や球根を植え，毎日世話を続けた。町の美化に努める行為に対し，町内から感謝状が贈られた。

優勝・入賞

- 市内の俳句コンテストにおいて，飼い猫への思いを素直に表現し優勝することができ，広報紙に掲載された。
- 走ることが好きで毎朝家族と練習を続け，市内のマラソン大会では2位に入賞した。
- 市内の小学校読書感想文コンクールで入選し，その作品は市の感想文集に掲載された。

知能や学力等について標準化された検査の結果

知能検査

- 令和○年○月○日　○○式知能検査を実施。SS○○。空間，推理の領域が優れている。
- 令和○年○月○日　○○式知能検査を実施。知能偏差値○○。思考力や記憶力に優れている。

学力検査

- 令和○年○月○日　○○式標準学力検査を実施。正答率国語○○％，算数○○％。読解力が優れている。
- 令和○年○月○日　○○式観点別学力検査で４教科（国語・算数・理科・社会）実施。国語の表現の能力，社会の思考・判断に優れている。

行動・性格検査

- 令和○年○月○日　○○式○○検査を実施。社会性が豊かである。
- 令和○年○月○日　○○式○○検査を実施。思慮深く，じっくり考えてから実行するタイプである。

道徳性検査

- 令和○年○月○日　○○道徳性検査を実施。素直で正直である。
- 令和○年○月○日　○○道徳性検査を実施。小さな生き物でも命を大切にしようとする生命尊重の心が強い。

スポーツテスト

- 令和○年○月○日　体力テストを実施。長座体前屈の記録が高く，柔軟性に優れている。
- 令和○年○月○日　スポーツテストを実施。全て全国平均を上回り，優れた運動能力をもっている。

その他指導上参考となる諸事項

通級

- 帰国子女であり，日本語であいさつはできるものの日常会話に自信がなく，保護者と本人の希望により国語の時間に通級し読み書きを中心に指導を受けた。
- 保護者の希望で，算数の計算については通級で本人の実態に応じた指導を受けた。
- 韓国からの編入学で，日本語の聞き取りや書き取りに困難が生じているため，本人の希望により国語の時間に読み書き，会話を中心に指導を受けた。

言語学級

- 聴力障がいが見られ，全体的に発音が不明瞭であったため，週に３時間「ことばの教室」に通い，言語指導を受けた。
- 吃音（きつおん）などの発音障がいのため，本人は教室で話そうとしなかった。言語学級に通い始めてからは，自信をもって発音できるようになり，教室でも意欲的に発言するようになった。
- 特にタ行，ラ行の発音が不明瞭になりがちであり，本人も気にしていたため言語学級に通い言語指導を受けた。

留学・帰国子女

- 令和○年○月，インドネシアから編入学。インドネシアでは日本人学校に通学していたため簡単な日常会話には支障が見られず，学級の仲間とも打ち解けることができた。
- 令和○年○月，中国から編入学。現地の小学校に通っていたため中国語は堪能であるが，日本語の指導が必要であった。日本語の個別指導を行った。
- 令和○年○月，アメリカから編入学。保護者の仕事の都合で５年間アメリカに在住。現地の小学校に通学していたが，家庭では日本語を使用していたということもあり，日常会話に支障はなく，アメリカの文化について友達に紹介するなどすぐに打ち解けることができた。

外国籍

- 令和○年○月，保護者の仕事の都合で，スペインから来日。第○学年３学期より編入学。自分から友達に声をかけることはないが，得意の絵を友達に披露し，絵を通して仲間が増えた。日本語の個別指導を行った。

- 令和○年○月，スリランカから編入学。簡単な日常会話は日本語でできるようになったが，理解できないことがまだ多いため学校生活や学習での配慮をした。
- 令和○年○月，インドネシアから編入学。社交的に友達に声をかけ，仲間とはジェスチャーを交えて話をしている。日本語の個別指導を行うことにより，日常会話ができるようになった。

宗教

- ○○教を信仰している。宗教上歌うことができない歌もあるため，音楽で学習する際には音楽専科と連携を図り，配慮を行った。
- ○○教を信仰している。信仰の関係で食べることができないものもあった。給食指導では栄養教諭や学年間で連携を図り，配慮を行った。
- ○○教を信仰している。常にお守りを持っており，体育の着替えの際や校外学習などで移動する際は，保護者と事前に連絡をとり，配慮を行った。

その他（氏名変更・通学など）

- 令和○年○月より，両親の離婚により姓を変更。両親とは離れて暮らし，現在は母方の祖父母と生活している。当初は誰とも話さず距離を置いていたが，現在は気持ちが落ち着き，笑顔で友達と話す姿が見られるようになった。
- 足に障がいがあるため，母親の車による送迎で通学している。体育の時間には，自分ができることのみ参加するようにした。
- 令和○年○月より，両親の離婚により母親の実家から校区を越境して通学している。登下校には安全に配慮するよう保護者に伝えるとともに，校区内までは母親が付き添うよう依頼した。

児童の成長の状況にかかわる総合的な所見

交友関係の進歩

■ 当初は友達に誘われて外へ遊びに出て行っていたが，ドッジボールで活躍したことをきっかけに，自分から友達を誘って遊びに出て行くことができるようになった。

■ 当初は休み時間に特定の友達といることが多かったが，「みんな遊び」などの学級活動を経験するうちに，いろいろな友達と休み時間を過ごす場面を増やすことができた。

■ よりよい人間関係を築いていこうと，友達のよさを進んで認め，先入観なく接することで仲間を増やすことができた。

■ 学級の活動では，いろいろな仲間と協力して活動を進めることができた。次学期（年度）は，休み時間などでも，いろいろな仲間と楽しく過ごす姿を期待している。

学習姿勢の成長（自ら学ぶ姿勢の進歩）

■ 当初は友達の発表に耳を傾けることが少なかったが，周りの友達が自分の話に耳を傾けてくれる姿を見て，発表者の方を見て落ち着いて話を聞く機会を増やすことができた。

■ みんなの前で発表することが苦手だったが，友達に自分の意見のよいところを認めてもらったことがきっかけで，自信をもって発表することができた。

■ 板書の内容をノートに書き写すことが乱雑だったが，丁寧な字で見やすくまとめられている友達のノートを見て，自分から丁寧さを意識してノートに書き写すことができた。

■ みんなの前で，自分の意見を発表する場面が増えてきた。次学期（年度）は，声の大きさや目線など，さらに聞き手を意識した発表をする姿を期待している。

集団への適応

■ 班活動では自分の思いが伝わらず，活動に参加できない場面があったが，仲のよい友達に声をかけてもらいながら，他の仲間の意見を素直に聞く場面を増やすことができた。

■ 自分のことよりも先に，仲間や学級の活動を優先して取り組み，常に相手の立場に立って行動したり意見を言ったりする場面を増やすことができた。

■ 当初は学級や学年での活動に消極的だったが，周りの友達に声をかけてもらいながら，前向きに活動に参加する機会を増やすことができた。

■ 自分のやるべきことは果たそうとする場面が増えてきた。次学期（年度）は，さらに周りの友達のペースも意識する場面が増えていくことを期待している。

協調性の発達

■ 気が合わない友達だとすぐに言い争いをすることがあったが，本人に自分の姿を振り返らせる指導を重ねた結果，徐々に相手の言い分も聞くことができるようになってきた。

■ 自己主張を貫いて周りの友達とトラブルになることが多かったが，徐々に自分の至らなさに気付き，落ち着いて相手に接することができるようになってきた。

■「自分ができていればそれでよい」という態度を取ることがあったが，友達から温かく関わってもらううちに，困っている友達を助けることができるようになった。

■ 自分に非がある場合は，相手に謝ることができている。次学期（年度）は，さらに，次にどのような行動をとるべきかを相手に提案できる姿を期待している。

リーダー性の成長

■ 友達の推薦があっても集団を引っ張ることに消極的だったが，任された仕事を確実にやり切ることを周囲から認められたことで，少しずつ仲間より率先してできるようになった。

■ 自らの立候補ではなく，学級の仲間からの推薦で選ばれた班長であったが，次第に自覚をもち，進んで仕事ができるようになったことから，みんなの信頼を得ることができるようになった。

■ 当初は，友達の協力で何とか学級での話合いの進行を行っていたが，慣れていくうちに，徐々に自分で「～はどうですか」などと提案しながら進行していけるようになった。

■ 係活動などでは，自分に与えられた仕事は責任をもって果たすことができている。次学期（年度）は，さらに，周りの友達に声をかけながら率先して活動を進めていく姿を期待している。

学び方の改善（学習意欲）

■ 当初は宿題をやり遂げてくることが少なかったが，保護者の了解のもと，放課後に学習することを続けたところ学ぶ楽しさを覚え，家庭で宿題をやり遂げることができるようになった。

■ 一人で学ぶことが苦手だったが，班の友達や教師の励ましを受けながら，少しずつ諦めずに自力で学習に取り組むことができるようになった。

■ ノートをまとめることが苦手だったが，簡潔にまとめられている友達のノートを見て，「めあて→分かったこと→まとめ」の順番に，見やすくまとめることができるようになった。

■ 友達や教師の声がけを受けながら，学習課題に取り組もうとすることができている。次学期（年度）は，自ら率先して，学習課題に取り組む姿を期待している。

総合所見及び指導上参考となる諸事項

高学年

各教科の学習に関する所見

〔凡例〕■ 児童の優れている点や長所，進歩の状況を表す文例
■ 努力を要する点に対して，今後の学習や行動を方向付ける文例

国語　第5・6学年

趣旨　知識・技能

▶ **日常生活に必要な国語の知識や技能を身に付けているとともに，我が国の言語文化に親しんだり理解したりしている。**

■ 言葉によって相手との人間関係の築き方が違ってくることに気付き，話し手と聞き手の受け止め方を考えて使うことができた。

■ 漢字と仮名遣いを適切に使い分け，話し言葉と書き言葉では，相手に伝わる内容が変わってくることに気付くことができた。

■ 接続詞の使い方や理由付け，語感や言葉の使い方などを意識しながら身に付けた言葉を使ったり，言葉を言い換えたりできた。

■ 文と文の接続や文章構成，展開などに着目し，伝えたいことを伝えるためには，文章に特徴をもたせることが必要だということに気付くことができた。

■ 声の大きさや抑揚，速さ，間の取り方などに気を付けて音読したり，作者の表現の素晴らしさや効果を感じ取り，登場人物の相互関係や情景を捉えて朗読したりできた。

■ 情報と情報をまとめて分類したり，図表と情報との関係を考えたりすることによって，自分の考えをまとめて表現することができた。

■ 親しみやすい古典や漢文，文語調の文章などを音読して，作品の内容について理解し，言葉の響きやリズムなどに親しみをもつことができた。

■ 語句の由来，時間の経過や世代による言葉の使い方の違いに関心をもち，共通語と方言の違いに気付くことができた。

■ 習った漢字を積極的に文や文章の中で使っていこうという意識はあるものの，同音異義語などの使い方を間違えることがあったので，漢字の意味を考えて使うようにするとよい。

■ 自分と相手の関係や場の設定を意識しながら，敬語を使おうとしていた。尊敬語や謙譲語など，場に応じた使い方を今後身に付けていくとよい。

趣旨　思考・判断・表現

▶ **「話すこと・聞くこと」，「書くこと」，「読むこと」の各領域において，筋道立てて考える力や豊かに感じたり想像したりする力を養い，日常生活における人との関わりの中で伝え合う力を高め，自分の思いや考えを広げている。**

■ 目的や意図に応じて話題を決め，知識や情報を関係付けて取捨選択しながら話すことができた。

■ 説明や報告をするとき，資料を提示しながら話の構成を工夫して，場に応じた適切な言葉遣いで話すことができた。

■ 自分の考えが正しく伝わるように，事実と意見を使い分けて，理由や根拠を添えて話すことができた。

■ 読み手の関心を喚起する書き出しを工夫したり，いちばん書きたいことを文章の最初に位置付けたりするなど，文章の構成を工夫して書くことができた。

■ 相手や目的に応じて書くことを決め，事柄を整理して報告文や物語，随筆などを書くことができた。

■ 事実，感想，意見など文章の内容を的確に押さえて要旨を捉え，自分の考えを明確にしながら読むことができた。

■ 本や文章を読んで考えたことを交流し，友達の考えを取り入れて自分の考えを広げたり深めたりすることができた。

■ 目的に応じて積極的に図書館を活用し，調べたい内容によって必要な新聞や本などの資料を選ぶことができた。

■ 友達が伝えようとしていることを，自分の意見と比べながら聞き，自分の考えをまとめようとしているが，互いの立場や意図をはっきりさせて話し合うことは今後の課題である。

■ グラフや表などを引用して説明しようとし，全体の文章構成も考えて書こうとしているが，初めに書いたことと合わないことがあるので，友達に指摘してもらうとよい。

趣旨 **主体的に学習に取り組む態度**

▶ **言葉を通じて積極的に人と関わったり，思いや考えを広げたりしながら，言葉がもつよさを認識しようとしているとともに，進んで読書をし，言葉をよりよく使おうとしている。**

■ 自分の話に説得力をもたせるために，説明や討論などの活動において積極的に資料を集めたり調べたりしていた。
■ 考えたことや伝えたいことについて，相手の意図をつかみながら聞いたり，適切に話したりしようとしていた。
■ 自分が考えたことなどを，文章全体の構成や展開などの効果を考えながら書き表し方にも工夫して書こうとしていた。
■ 詩や文学，伝記などを積極的に読み，自分の生き方に関係すると思われることを積極的に話したり，文章に書いたりすることができた。
■ 進んで図書館に行き，必要な本や事典を活用して，自分の考えを広げたり深めたりしようとしていた。
■ インタビューなどによって積極的に情報を集め，それを生かして話合いを進めようとしていた。伝える順序や内容を精選すればより説得力をもたせられる。
■ 目的や意図に応じて書き表し方を工夫するなど意欲的に書こうとしているが，自分の文章のよさには気付けていないので，友達と互いに読み合って指摘し合えるとよい。

社 会　第5学年

趣旨 **知識・技能**

▶ **我が国の国土の地理的環境の特色や産業の現状，社会の情報化と産業の関わりについて，国民生活との関連を踏まえて理解しているとともに，地図帳や地球儀，統計などの各種の基礎的資料を通して，情報を適切に調べまとめている。**

■ それぞれの土地の様子や気候の特色に応じて，その土地ならではの暮らし方があることや産業が発展してきたことを理解することができた。
■ 米づくりの学習で，生産量を高めるために農地改良や品種改良，機械化を進めるなど様々な工夫や努力を重ねてきたことを，資料を調べて理解することができた。
■ 自動車工場の見学を通して，限られた場所で効率よく生産するために，流れ作業や部品の管理，機械化などの仕組みがあることを理解することができた。
■ ある病院の情報ネットワークの仕組みの図を読み取ることを通して，見えないところで様々な情報がやり取りされ，効果的に活用されていることを理解することができた。
■ 台風や地震などの自然災害から命を守るための報道に関心をもち，報道番組がどのようにつくられ放送されているのかを理解することができた。
■ 特色のある土地を選んで調べ学習をした。図書館で見つけた図鑑を参考にしたが，地図帳や資料集といった手持ちの資料など，様々な資料も活用してほしい。
■ 自動車工場と部品などをつくる多くの関連工場が1台の車をつくるために，どのように協力しているか深く考えるとよい。

趣旨 **思考・判断・表現**

▶ **我が国の国土や産業の様子に関する社会的事象の特色や相互の関連，意味を多角的に考えたり，社会に見られる課題を把握して，その解決に向けて社会への関わり方を選択・判断したり，考えたことや選択・判断したことを説明したり，それらを基に議論したりしている。**

■ 低い土地や暖かい土地の暮らし方を調べ，なぜ，そのような暮らしの工夫をしてきたのか，土地の様子や気候と関係付けて考えることができた。

■様々な漁法や主な漁場を調べ，四方を海に囲まれている日本の国土の特徴と関係付けて，水産業が盛んになってきた理由を考えることができた。
■自動車産業が発展してきたことを調べ，これからの自動車づくりは，環境と安全に配慮することが大切であると自分の考えを深めることができた。
■自分たちは日々あふれる情報の中で生活しており，話合いを通して必要な情報を取捨選択して生活することが大切であると考えることができた。
■森林などの自然を守る取り組みは，日本だけでなく世界中で行われていることを知り，まず，自分たちが自然のよさに触れ，大切さに気付くことが大事であると考えを深めることができた。
■日本の食料自給率が世界の他の国と比べて低いことを知ったが，日本は米づくりが盛んで，たくさんの食料があるからあまり深く考えることなく大丈夫だと判断したことは残念だった。
■環境問題に関心が高く，知識も豊富である。せっかくの知識なので知っているだけでなく，自分の日常生活と結び付けて考え，生かしてほしい。

趣旨　**主体的に学習に取り組む態度**

▶ **我が国の国土や産業の様子に関する社会的事象について，我が国の国土に対する愛情をもち産業の発展を願う国家及び社会の将来の担い手として，主体的に問題解決しようとしたり，よりよい社会を考え学習したことを社会生活に生かそうとしたりしている。**

■人工衛星から撮影した日本の写真を見て，海に囲まれ森林が多いことに気付き，各地域には，どのような特色があるのか知りたいと関心を高めることができた。
■食料自給率のグラフを見て，自給率を上げるためにはどうすればよいかということに関心をもち，農業や水産業の学習に意欲的に取り組むことができた。
■日本はたくさんの国と貿易していることを知り，どこの国とどんな貿易をしているか調べる中でいろいろな問題があることに気付き，自分にできることはないか考えることができた。
■これから自分たちが生きていく社会は情報のネットワークがもっと広がるだろうと予測し，情報がどのように活用されているのか自分のこととして調べることができた。
■日本は自然災害が起きやすい国土であることを知り，どのような災害がどのようなところで起きやすいかを調べ，それを防ぐための工夫を考え，まとめることができた。
■暖かい土地の暮らしで学習したことを基に寒い土地の暮らしについて調べた。自分がほしいと思った資料がなく苦労していたので，別の視点から考えることも大切にしてほしい。
■たくさんの情報があることを知り，自分にとって必要な情報を集めることが大切だと考えていた。様々な情報から取捨選択することを大切にしてほしい。

社会　第6学年

趣旨　**知識・技能**

▶ **我が国の政治の考え方と仕組みや働き，国家及び社会の発展に大きな働きをした先人の業績や優れた文化遺産，我が国と関係の深い国の生活やグローバル化する国際社会における我が国の役割について理解しているとともに，地図帳や地球儀，統計や年表などの各種の基礎的資料を通して，情報を適切に調べまとめている。**

■日本国憲法を調べ，国民主権，基本的人権の尊重，平和主義の3つの原則があり，憲法は私たちの暮らしを支える大切なものであることを理解することができた。
■聖徳太子の政治を調べ，当時の中国（隋）を手本に様々な制度を整え，天皇中心の国づくりを進めたことを理解することができた。
■室町時代の文化を調べ，水墨画を描いたり狂言を見たりして，現在の私たちの暮らしに引き継がれていることを体験的に知ることができた。
■明治の国づくりを進めた人々の働きを調べ，新しい制度や考え方を取り入れながら様々な困難を乗り越えてきたことを理解することができた。

■ 温暖化などの環境問題の解決は，国と国とが協力して取り組むことが大切であり，そのために日本の技術を生かすことが大切だと考えることができた。

■ 江戸時代に町人文化や新しい学問が広まったことを知ったが，その内容についてはあまり理解することができなかった。

■ 長く続いた戦争が終わって，経済的に豊かになっていく中で起きた様々な問題やできたことを調べた。その意味をしっかり考えることを大切にしてほしい。

趣旨 **思考・判断・表現**

▶ **我が国の政治と歴史及び国際理解に関する社会的事象の特色や相互の関連，意味を多角的に考えたり，社会に見られる課題を把握して，その解決に向けて社会への関わり方を選択・判断したり，考えたことや選択・判断したことを説明したり，それらを基に議論したりしている。**

■ 国の政治の仕組みと選挙について調べ，選挙権が18歳になったことや投票率が高くないことを知り，どうすれば多くの人が選挙に行くようになるのかを考えることができた。

■ 藤原道長の短歌から当時の貴族の暮らしに興味をもって調べ，平仮名など今につながる日本風の文化が盛んになってきたことについて考えることができた。

■ なぜ，頼朝が鎌倉に幕府を開いたのか，当時の鎌倉の地図を基に，平清盛が行った政治と関連付けて考え，根拠を明らかにして発表することができた。

■ 江戸末期に結んだ不平等条約の改正に向けて，外国から認められるようになるために，明治政府がどのような政策を行ってきたかそのねらいについて考え，国同士が協働する方法を発表することができた。

■ 温暖化などの環境問題の解決は，国と国とが協力して取り組むことが必要であり，そのために日本の技術を生かすことが大切であると考えることができた。

■ 大名行列の屛風絵や大名の配置図を基に，江戸幕府はどのように大名を支配しようとしたのかを話し合った。そのように考えた理由を明確にして伝えられたらよい。

■ 戦争中の子どもの暮らしの学習で集団疎開や食べ物がなかったことなどを詳しく調べた。発表では，戦争はしないでほしいという感想だけにとどまってしまったことは残念である。

趣旨 **主体的に学習に取り組む態度**

▶ **我が国の政治と歴史及び国際理解に関する社会的事象について，我が国の歴史や伝統を大切にして国を愛する心情をもち平和を願い世界の国々の人々と共に生きることを大切にする国家及び社会の将来の担い手として，主体的に問題解決しようとしたり，よりよい社会を考え学習したことを社会生活に生かそうとしたりしている。**

■ 年齢区分別人口の移り変わりのグラフから，子どもの数が年々少なくなっていることに関心をもち，どのような制度や仕組みが考えられているのか調べる計画を進んで立てることができた。

■ 縄文時代や弥生時代の人々の暮らしに関心をもち，図書館やインターネットで調べたことを自主学習でまとめ，クラスで紹介することができた。

■ 戦国の世からどのように天下統一されていったのかに関心をもち，3人の武将が行ったことを粘り強く調べていろいろな側面から比べることができた。

■ 太平洋戦争について調べた。調べれば調べるほど，なぜ日本が戦争をしたのか分からなくなり，しっかり考えられるようになりたいと学習を振り返ることができた。

■ 環境問題は，世界中の人たちが協力して解決していかなければならないと考え，日本の優れた技術を生かして，世界の環境問題を解決したいと希望を話すことができた。

■ 選挙や政治の仕組みの学習をした。政治の仕組みは理解できたが，自分の生活と関連付け自分ごととして深く考えることを大切にしてほしい。

■ 日本とつながりの深い国々を調べたとき，インターネットでの検索にこだわり，webページをそのまま書き写したまとめになってしまった。調べたことを基に自分の考えをもつことを大切にしてほしい。

算数　第5学年

趣旨　**知識・技能**

▶ **整数の性質，分数の意味，小数と分数の計算の意味，面積の公式，図形の意味と性質，図形の体積，速さ，割合，帯グラフなどについて理解している。**
▶ **小数や分数の計算をしたり，図形の性質を調べたり，図形の面積や体積を求めたり，表やグラフに表したりすることなどについての技能を身に付けている。**

■ 約数，公約数，最大公約数，倍数，公倍数，最小公倍数の意味について理解し，求めることができた。
■ 同じ大きさの数量にならすことでより妥当な数値が得られる場合は，測定値を平均するとよいことを理解し，求めることができた。
■ 二つの合同な図形について，ずらしたり，回したり，裏返したりした場合でも，辺と辺，角と角が対応することや，対応する辺の長さ，対応する角の大きさがそれぞれ等しいことを理解することができた。
■ 四角形を対角線で二つの三角形に分けたり，内部の1点と四つの頂点を結んで四つの三角形に分けたりするなど，三角形の内角の和を使って二通り以上を演繹的に考えることができた。
■ 速さは単位時間当たりの大きさとして表すことができることを理解し，（速さ）＝（道のり）÷（時間）を用いて，道のりと時間から速さを求めたり，速さと時間から道のりを求めたりすることができた。
■ 基準量や比較量などを，理解することができていた。また，小数を百分率にしたり，歩合にしたりすることも確実にできた。
■ 平行四辺形の面積を求める公式と台形の面積を求める公式を混同してしまうことが何度かあった。既習の求積可能な図形に等積変形する活動を繰り返すとよい。

趣旨　**思考・判断・表現**

▶ **数とその表現や計算の意味に着目し，目的に合った表現方法を用いて数の性質や計算の仕方などを考察する力，図形を構成する要素や図形間の関係などに着目し，図形の性質や図形の計量について考察する力，伴って変わる二つの数量やそれらの関係に着目し，変化や対応の特徴を見いだして，二つの数量の関係を表や式を用いて考察する力，目的に応じてデータを収集し，データの特徴や傾向に着目して表やグラフに的確に表現し，それらを用いて問題解決したり，解決の過程や結果を多面的に捉え考察したりする力などを身に付けている。**

■ 整数や小数を分数の形にしたり，分数を小数で表したりすることを通して，数の表し方を考えることができた。
■ 割合（倍）や基準量の求め方について，数直線などを用いて考えを説明し，小数の除法の意味と関連させてまとめることができた。
■ 円と組み合わせることで正多角形の性質や特徴を見いだし，正多角形を作図する方法を説明することができた。
■ 四角形の四つの角の大きさの和が360°になることを，三角形の三つの角の大きさの和が180°であることを基に，演繹的に考えることができた。
■ 割合の多少と絶対量の多少は一致しないことを理解し，基準量の違いに着目してその理由を説明することができた。
■ いろいろな立体を観察したり構成したりする活動を通して，構成要素に注目して立体図形の特徴や性質を捉えられるようになった。
■ 文章問題を何度も読んで答えを求めようと努力していた。どの数を基準量とみて式を立てればよいか分からないことがあったので，数を簡単なものにして考えてみるとよい。

趣旨　**主体的に学習に取り組む態度**

▶ **数学的に表現・処理したことを振り返り，多面的に捉え検討してよりよいものを求めて粘り強く考えたり，数学のよさに気付き学習したことを生活や学習に活用しようとしたりしている。**

■ 混み具合や人口密度などと関連付けて，速さを単位時間当たりの大きさを用いて比べることができた。
■ 整数や小数の構成を式で表し，位取り表などと関連させて説明することができた。
■ 小数が十進位取り記数法で表されていることや除法の性質を活用して，小数の除法の計算の仕方を説明することができた。

■ 三角形の内角の和が180°になることや，その求め方を参考にして，四角形の角の大きさの和について考えることができた。
■ 生活場面で平均が実際に用いられていることに気付き，活用できる場面を考えることができた。
■ 除法の答えが分数で表せることを理解することができた。電車の混み具合を比べるときにも，一両当たりの乗客数を分数にすることができた。分数で分かりにくいときは整数や小数にして比べることができた。
■ 平行四辺形などの形については考えることができた。平行四辺形や三角形の面積についての見方を広げるために，これからは，今まで学習した長方形の面積の求め方などと関連付けて考えるとよい。

算数　第6学年

趣旨　知識・技能

▶ **分数の計算の意味，文字を用いた式，図形の意味，図形の体積，比例，度数分布を表す表などについて理解している。**
▶ **分数の計算をしたり，図形を構成したり，図形の面積や体積を求めたり，表やグラフに表したりすることなどについての技能を身に付けている。**

■ 分数の乗法及び除法について，整数の場合と同じ関係や法則が成り立つことを理解し，計算することができた。
■ 合同な三角形の作図方法と関連付けて，方眼紙のマス目や対応する辺の長さ，角の大きさに着目し，縮図や拡大図を手際よく作図することができた。
■ 数値が小数や分数の場合でも反比例の関係が成り立つことから，表では全ての場合を表せないことを理解することができた。
■ 資料を度数分布表に正確にかいたり，部分の特徴や部分と全体との関係など複数の視点から特徴を読み取ったりすることができた。
■ いろいろな問題場面で，二つの数量の割合を，比を用いて表すことができた。
■ 図形についての感覚が豊かである。縮図や拡大図を観察したり正しくかいたりすることを通して，縮図や拡大図の意味や特徴を理解することができた。
■ 円の面積を公式を用いて求めることができた。公式が半径を一辺とする正方形の面積の3.14倍を意味していることを図と関連づけて理解できるとよい。

趣旨　思考・判断・表現

▶ **数とその表現や計算の意味に着目し，発展的に考察して問題を見いだすとともに，目的に応じて多様な表現方法を用いながら数の表し方や計算の仕方などを考察する力，図形を構成する要素や図形間の関係などに着目し，図形の性質や図形の計量について考察する力，伴って変わる二つの数量やそれらの関係に着目し，変化や対応の特徴を見いだして，二つの数量の関係を表や式，グラフを用いて考察する力，身の回りの事象から設定した問題について，目的に応じてデータを収集し，データの特徴や傾向に着目して適切な手法を選択して分析を行い，それらを用いて問題解決したり，解決の過程や結果を批判的に考察したりする力などを身に付けている。**

■ 逆数を用いて除法を乗法の計算としてみたり，整数や小数の乗法や除法を分数の場合の計算に当てはめて立式を考えたりすることができた。
■ 身の回りにある様々な図形の面積を求めるために，その概形を捉えて，測定しやすい図形とみたり，測定しやすい図形に分けたりすることを考えることができた。
■ 角柱の体積を求める式を直方体の体積を求める公式と比べてみて，根拠をもって説明することができた。
■ 組み合わせについて整理する際，順序よく筋道を立てて考え，幾通りかの調べ方をしたり，考えた方法を説明したりすることができた。
■ 図，式，言葉，記号などを使って，比の値や等しい比の意味を考え，説明することができた。
■ 長方形の横の長さは縦の長さの何倍かと考えて形が同じとみたり，問題場面を割合や比と関連付けて考えたりするなど，ものの見方や考え方を進んで工夫することができた。
■ 二つの数量が増えた，もしくは減ったという理由で比例関係かどうかを判断していた。一方が2倍，3倍，……に増えたら，もう一方がどのように増えるのかなど確かめてから判断するとよい。

趣旨　**主体的に学習に取り組む態度**　▶ **数学的に表現・処理したことを振り返り，多面的に捉え検討してよりよいものを求めて粘り強く考えたり，数学のよさに気付き学習したことを生活や学習に活用しようとしたりしている。**

■ 簡潔に表すことができるなど，いろいろ変わる数値の代わりとして，*a* や *x* などの文字を用いて式に表すことのよさに気付き，進んで用いることができた。
■ 分数×分数の計算の意味は，整数や小数の場合と同じ仕組みになっていることに気付き，活用することができた。
■ 図を比の性質や比の値と関連付けて考え，問題の解決にうまく活用することができ，比のよさに気付くことができた。
■ 実際には測定しにくい長さを縮図や拡大図を用いると解決できるというよさに気付き，校舎や校庭の木の高さを測定する際に活用することができた。
■ 組み合わせについて，図や表を用いるなどの工夫をしながら順序よく調べ，その調べ方を説明することができた。
■ 日常生活の中に，比例の関係になっている事象が数多くあることに気付いてから，伴って変わる量の関係を調べる活動に対する関心が高まり，さらには，日常の問題の解決に進んで比例の関係を活用しようとした。
■ 資料の平均や散らばりを調べ，統計的に考察したり表現したりすることができるようになった。日常生活や学習に生かせるとよい。

理科　第5学年

趣旨　**知識・技能**　▶ **物の溶け方，振り子の運動，電流がつくる磁力，生命の連続性，流れる水の働き及び気象現象の規則性について理解しているとともに，観察，実験などの目的に応じて，器具や機器などを選択して，正しく扱いながら調べ，それらの過程や得られた結果を適切に記録している。**

■ 食塩やミョウバンを水に溶かし，重さを量る実験を通して，物が水に溶けても物と水を合わせた重さは変わらないことを，得られた結果の記録に照らし合わせて理解することができた。
■ おもりが一往復する時間は，振り子の糸の長さによることを理解し，振り子時計の振り子の長さは重要な要因であることを得られた結果の記録に照らし合わせて捉えることができた。
■ 流れる水には土地を浸食したり，石や土などを運搬したり堆積させたりする働きがあることを，実際の河原の様子をICTを活用して比べ，理解することができた。
■ 振り子運動の規則性を正確に調べるために，振り幅の角度の設定の仕方や計測データの処理の仕方を考え，正しく扱いながら調べ，それらの過程や得られた結果を適切に記録することができた。
■ 導線の巻数や電流の強さによる電磁石の強さの変化を調べるために，電磁石についたゼムクリップの数を正確に数え，その結果を表に記録することができた。
■ 植物の成長の様子を調べるために，インゲンマメの発芽やヘチマの結実までの過程とその変化の様子を，時間を追って記録しまとめることができた。
■ 天気の変化の様子から天気予報を行うために，1週間にわたって雲の様子を観察したり，インターネットを使って気象衛星画像を基に調べたりするなど，計画的に取り組むことができた。
■ 電磁石の強さを変える方法を調べるために，実験方法を工夫し器具を正しく扱いながら調べ，実験の途中の様子や結果を内容に合わせてノートにまとめることができた。
■ 振り子の条件を変えて，その関係を理解し，どの条件が大切か友達とも話合いを繰り返していたので，得られた結果の記録をより精査することができれば学びを深めることができる。
■ 水に溶ける量を調べる過程や得られた結果を適切に記録することができれば，水に溶ける量が何によって変わるかの要因についても理解することができるようになる。

趣旨 **思考・判断・表現**

▶ **物の溶け方，振り子の運動，電流がつくる磁力，生命の連続性，流れる水の働き及び気象現象の規則性について，観察，実験などを行い，主に予想や仮説を基に，解決の方法を発想し，表現するなどして問題解決している。**

■ 食塩やミョウバンが水に溶ける量の違いを主に予想や仮説を立て，解決の方法を発想し，水の温度との関係を調べた結果を表やグラフに示し，温度による溶ける量の違いを考え問題を解決することができた。
■ 強い電磁石をつくろうと，電磁石を強くする要因を主に予想や仮説を基に解決の方法を発想し，確かめる実験を考え問題を解決することができた。
■ 一定量の水に食塩が溶ける量には限度があることから，ミョウバンも同様に限度があるかを主に予想や仮説を基に解決の方法を発想して調べ，溶ける現象を追究することができた。
■ 学習して見いだした天気の規則性を基に，観測結果と気象情報を活用して今後の天気の様子を予想することができた。
■「振り子」や「物の溶け方」の学習で，時間や速さといった事象を捉えるときに主に予想や仮説を基に解決の方法を発想し，必要な観点をもって実験や観察をすることができた。
■ 体験したことを根拠に予想したり，実験結果に関連させて次の予想や仮説に生かして考えたりする思考力や表現力が豊かだった。
■ 一定量の水に溶ける食塩が溶ける量には限度があることを理解したが，ミョウバンなどの他の物も同じなのかにこだわりをもちすぎ，得られた結果を十分に深めるまでには至らなかった。
■ 実験結果を関連させて次の予想や仮説に生かして解決方法を様々に考えるあまり，友達の意見を取り入れられず，互いの意見を尊重しながら追究することまでは深められなかった。

趣旨 **主体的に学習に取り組む態度**

▶ **物の溶け方，振り子の運動，電流がつくる磁力，生命の連続性，流れる水の働き及び気象現象の規則性についての事物・現象に進んで関わり，粘り強く，他者と関わりながら問題解決しようとしているとともに，学んだことを学習や生活に生かそうとしている。**

■ 食塩を水に溶かしたとき，溶ける量には限界があることに興味をもち，実験を意欲的に進め，他の物でも限界があるのか友達と協力し合って発展的に調べようとすることができた。
■ ヒメダカの卵の中を継続観察して，中の様子が変化していくことや心臓と考えられる部分が動いている様子から，小さな卵の中にも命があることに気付き大切にしようとすることができた。
■ 河川が増水し堤防が削られる映像から自然の力の大きさを感じ取り，友達と意見交換しながら，流れる水の働きを粘り強く意欲的に追究しようとすることができた。
■「電流が生み出す力」の学習で実験に必要な道具づくりをするときに，手順が分からない友達に関わり粘り強く組み立て方を教え，共に問題を解決しようとすることができた。
■ これまでの学習や体験したことを基に，問題に対する予想を立てたり実験結果から他者と関わりながら発見したりする姿から，学習に対する粘り強さが見られた。
■ 水の量が食塩とミョウバンの溶け方に関係しているかを明らかにする実験に進んで関わり，粘り強く丁寧に行い，二つの事柄の違いを考察し分かりやすい表現でまとめることができた。
■ 産婦人科の医者の話や母親の体験談を聞いてヒトの命の神秘さに感動し，ヒトは母親の体の中で成長し，生まれることは大変なことであると実感することができた。
■ 振り子の振れ幅を大きくしたときの勢いに着目しながら，一往復する時間を変える要因を見いだし，友達とも協力し合って適切に実験を行うことができた。
■ 友達と意見を出し合いながら電磁石の性質に対して進んで関わろうとしていた。電磁石をつくることに面白さを覚え，得られた結果を深められればさらによい。
■ 振り子の糸の長さが往復する時間に関係することを友達と協力しながら見つけ，メトロノームで異なる速さの仕組みを考えようとしたが，その規則性を見つけることに課題を残した。

理科　第6学年

趣旨　**知識・技能**

▶ **燃焼の仕組み，水溶液の性質，てこの規則性，電気の性質や働き，生物の体のつくりと働き，生物と環境との関わり，土地のつくりと変化及び月の形の見え方と太陽との位置関係について理解しているとともに，観察，実験などの目的に応じて，器具や機器などを選択して，正しく扱いながら調べ，それらの過程や得られた結果を適切に記録している。**

■ 塩酸やアンモニア水などの水溶液の性質を調べる実験では，リトマス紙を正しく扱い，液性を調べたり安全に加熱したりして，その過程や得られた結果を適切に記録することができた。

■ 校庭のボーリング調査資料を活用して，地面の下には地層が広がっていることを推論して，その様子を立体的な図に表して示し，時間的・空間的な広がりを理解することができた。

■ ろうそくが燃えるときには，空気中の酸素が使われて，二酸化炭素ができることを気体検知管の測定結果を基に，理解することができた。

■ てこがつり合うときには規則性があることを理解し，その規則性を使って，他の場所におもりをつるしたときに必要となるおもりの重さを見つけだすことができた。

■ 動物の解剖図や映像資料を基に，血液は心臓の働きで体内を巡り，養分，酸素や二酸化炭素などを運んでいることを理解することができた。

■ 鳥や昆虫，魚においても生物の間には食物連鎖があり，自然界には厳しい生存競争と相互の関わりがあることを知り，驚きをもって理解することができた。

■ 光電池にたくさんの光が当たると強い電流が流れると予想し，何枚もの鏡で光を集め，結果を分かりやすく記録し説明することができた。

■ 目的に応じて条件を制御し器具や機器などを選択して実験を正確に進めようと取り組んでいた。てこの規則性を見つけるための結果のまとめまで追究できればさらによい。

■ 地面の下を立体的な図に表すなどの工夫をしていたが，地層が広がっていることが推論につながらず，時間的・空間的な広がりを理解するのに課題がある。

趣旨　**思考・判断・表現**

▶ **燃焼の仕組み，水溶液の性質，てこの規則性，電気の性質や働き，生物の体のつくりと働き，生物と環境との関わり，土地のつくりと変化及び月の形の見え方と太陽との位置関係について，観察，実験などを行い，主にそれらの仕組みや性質，規則性，働き，関わり，変化及び関係について，より妥当な考えをつくりだし，表現するなどして問題解決している。**

■ 植物の葉に日光が当たるとでんぷんができることを確かめるために，光を当てない葉と当てた葉を用意し，でんぷんのでき方を比較して要因を調べる実験方法を考えだすことができた。

■ 物が燃焼する際の空気の成分の変化を，物の燃焼の様子からより妥当な考えを推論し，物が燃える理由を，モデルを使って説明することができた。

■ つくりだした電気が蓄えられると考えて，手回し発電機やコンデンサーを使って，より妥当な考えをつくりだし確かめる実験を考え，表現するなどして問題を解決することができた。

■ 人の体のつくりを，予想したことと動物の体のつくりの観察結果を照らし合わせて推論し，消化，吸収の仕組みをより妥当な考えをつくりだして，表現することができた。

■ 月の見える形を地球と月と太陽の位置関係から考え，ボールと懐中電灯を使ったモデルで，満月や三日月が見える理由を分かりやすく説明することができた。

■ 複数の実験結果を基に，仕組みや性質，規則性，働き，変化及び関係について考察し事象を整理して，より妥当な考えを表現することができた。

■ てこで物を持ち上げるときの手ごたえの違いから，具体的な例に置き換えて力点や作用点の位置を理解していたが，実験結果をうまくまとめられず適切な記録につなげられなかった。

■ 物の燃焼の仕組みをより妥当な考えから推論し，物が燃える理由をモデルを使って説明することができたが，友達に分かりやすく話すことに課題があった。

趣旨 主体的に学習に取り組む態度	▶ 燃焼の仕組み，水溶液の性質，てこの規則性，電気の性質や働き，生物の体のつくりと働き，生物と環境との関わり，土地のつくりと変化及び月の形の見え方と太陽との位置関係についての事物・現象に進んで関わり，粘り強く，他者と関わりながら問題解決しようとしているとともに，学んだことを学習や生活に生かそうとしている。

■ 学んだ酸性やアルカリ性の水溶液の性質をもとに，日常生活の中で使う洗剤の中には金属を溶かしたり，混ぜたりすると有害な気体が発生するものがあることを知り，関心をもって生活に生かすことができた。

■ 身近にある栓抜きや釘抜きなどの道具に興味をもち，てこの働きがどのように利用されているかを友達と意見交流をして意欲的に調べようとすることができた。

■ 動物や植物などの生物は，水や空気などの周囲の環境と関わり合って生きていることに興味をもち，生物の命の大切さを理解し，これから大切にしていこうとする気持ちをもつことができた。

■ 身の回りの土地の様子の変化の歴史を図書資料や映像，インターネットなどで調べ，大地をつくったり変化させたりする自然の力の大きさに感動することができた。

■ 光電池にたくさんの光が当たると強い電流が流れると予想し，友達と協力して何枚もの鏡で光を集め，意欲的に調べ問題を解決することができた。

■ 乾電池や光電池とモーターを使って学習した内容を生かして，電流の強さによって動きが変わるおもちゃを工夫してつくり，発表会で説明することができた。

■ 積極的に実験に取り組み，なぜそのような結果になったかを図と言葉で分かりやすくまとめ，学級全体の意見交流の場で学んだことを学習や生活に生かそうとすることができた。

■ 酸性やアルカリ性の水溶液の性質をもつものが，日常生活の中にあることに関心をもって知識を生かそうとしたが，得られた結果を深めることが十分にできなかった。

■ 意欲的に友達と意見交流をして，てこの働きの利用のされ方を身近にある道具に結び付けて興味をもって調べていたが，力点や作用点の位置を見つけることに課題を残した。

音楽　第5・6学年

趣旨 知識・技能	▶ 曲想と音楽の構造などとの関わりについて理解している。 ▶ 表したい音楽表現をするために必要な技能を身に付け，歌ったり，演奏したり，音楽をつくったりしている。

■「冬げしき」の歌詞の表す情景や曲想に合うように，きれいに響く歌声で，強弱などを工夫して歌うことができた。

■ 楽譜を見て同じような旋律の繰り返しがあることに気付き，フレーズのまとまりに気を付けて歌うことができた。

■ 音楽会の合奏では，他の楽器の音とのバランスや全体の響きを意識し，指揮をよく見て拍の流れに乗って小太鼓を演奏することができた。

■「○○○○」のリコーダー奏では，息の吹き込み方やタンギングに気を付けて，美しく響く音色で演奏することができた。

■ 同じ材質の楽器の音色を重ねることで音の響きが豊かに感じられることを生かして，音楽をつくることができた。

■ リコーダーを演奏するときに，息を十分に支えきれず音が不安定になってしまうことがあったが，少しずつ改善できている。

■ 合奏では楽しく打楽器を演奏できたが，テンポがずれてしまうことがあったので，指揮をよく見ることを意識することが望まれる。

趣旨 **思考・判断・表現**

▶ **音楽を形づくっている要素を聴き取り，それらの働きが生み出すよさや面白さ，美しさを感じ取りながら，聴き取ったことと感じ取ったこととの関わりについて考え，どのように表すかについて思いや意図をもったり，曲や演奏のよさなどを見いだし，音楽を味わって聴いたりしている。**

■ オーケストラの演奏を鑑賞した際には，楽器の組み合わせによって音の響きが変わる面白さを感じ取り，批評文に表すことができた。

■「威風堂々」の合奏では，指揮をよく見て拍の流れに乗り，曲の特徴にふさわしい表現を工夫して楽器を演奏することができた。

■ 複数の楽器を用いた音楽づくりでは，それぞれの楽器の音色の特徴を生かし，音の重ね方や演奏順を工夫して音楽をつくることができた。

■ 合唱の演奏形態の違いによる響きの違いを感じ取り，それぞれのよさを味わって聴くことができた。

■ 日本の音階を使った音楽づくりでは，表現したい情景に合うように，リズムやテンポを工夫してつくることができた。

■ オーケストラ演奏のビデオ鑑賞をした際，演奏以外の映像に見入ってしまうことがあったので，音楽を聴くことに集中できるとよい。

■ 音楽鑑賞をした後に書いた批評文の内容が「面白かった」などの感想にとどまっていたので，知覚・感受したことが表せることが望まれる。

趣旨 **主体的に学習に取り組む態度**

▶ **音や音楽に親しむことができるよう，音楽活動を楽しみながら主体的・協働的に表現及び鑑賞の学習活動に取り組もうとしている。**

■ 箏（そう）で「さくらさくら」を演奏した際には，他の楽器とは違う音色や奏法に面白さを感じ，他の和楽器にも興味をもつことができた。

■ リコーダーでうまく演奏できないところを何度も練習することでできるようになり，達成感を味わうことができた。

■ 合奏のグループ練習の際，練習の仕方や奏法の工夫を提案するなど，よりよい演奏を楽しめるよう積極的に取り組んでいた。

■ 世界の音楽について学習した際，外国の珍しい楽器に興味をもち，自主的にいろいろな楽器の種類や音色について調べて紹介することができた。

■ 発声練習の仕方を聞いて実践するなど，きれいに響く声で歌えるようになるための努力を重ねていた。

■ リコーダーの指づかいが難しいと諦めてしまい，曲の最後まで演奏できないことがあったので，繰り返し練習するなど努力することが望まれる。

■ 音楽会の合奏練習に積極的に参加できないこともあったが，当日までには何とか曲の最後まで演奏できるようになった。意欲的に取り組めるようになるとよい。

図画工作　第5・6学年

趣旨 **知識・技能**

▶ **対象や事象を捉える造形的な視点について自分の感覚や行為を通して理解している。**
▶ **材料や用具を活用し，表し方などを工夫して，創造的につくったり表したりしている。**

■「教室にアート」では，場所の特徴を造形的に捉え，その空間に合った作品を選び，美しい置き方を試したり工夫したりすることができた。

■「墨を生かそう」では，墨の特徴を生かした表現方法を理解して取り組み，墨や用具の特徴を生かした表し方を工夫することができた。

■「わたしだけの名画」では，名画を自分なりに感じ取り，その特徴的な表し方や色づかい，構図などを理解し，工夫した表現に結びつけることができた。

■「自分への贈り物」では，表したいものに合わせて材料や構成の美しさを考え，造形的な特徴を理解して工夫することができた。

■「食品サンプルをつくろう」では，これまでに経験した技能を駆使しながら，材料の特徴を理解し，それを応用的，発展的に活用して工夫することができた。

■「壁画をつくろう」では，その伝統や文化を理解して進める中で，それを生かしてイメージをつくることができていなかった。学びとイメージをつなげる工夫が望まれる。

■「日本の美術を鑑賞しよう」では，日本画の形や色の特徴について理解を深める中で，その描き方については理解を深めていなかった。深く鑑賞することが望まれる。

趣旨 **思考・判断・表現**

▶ **形や色などの造形的な特徴を基に，自分のイメージをもちながら，造形的なよさや美しさ，表したいこと，表し方などについて考えるとともに，創造的に発想や構想をしたり，親しみのある作品などから自分の見方や感じ方を深めたりしている。**

■「教室にアート」では，空間の様子や材料の特徴から，美しい置き方を思い付いたり，どのように工夫するかを考えたりしながら取り組むことができた。

■「墨を生かそう」では，それがどのように表されるのか，見通しを立てて表現方法を考えて取り組み，その表現方法や見方を広げることができた。

■「わたしだけの名画」では，鑑賞した名画のどの部分を特徴的に取り上げるのかを考え，独創的な表現を工夫することができた。

■「自分への贈り物」のイメージをもち，そのイメージに合わせて材料の特徴を生かして発想し，自分の思いが伝わるように表現することができた。

■「食品サンプルをつくろう」では，自分の表したいイメージに近づけるために，その対象をよく観察し，色や形，光の具合などを表現できるよう工夫することができた。

■「壁画をつくろう」では，クラスで話し合って表したいことを思いつく中で，自分のイメージをもつことができていなかった。個のイメージを考え，もつことが望まれる。

■「日本の美術を鑑賞しよう」では，その特徴などを感じ取る活動をする中で，自分なりの感じ方を表現することができていなかった。感じたことを伝わるように表現する工夫が望まれる。

趣旨 **主体的に学習に取り組む態度**

▶ **つくりだす喜びを味わい主体的に表現したり鑑賞したりする学習活動に取り組もうとしている。**

■「教室にアート」では，場所や材料の特徴を基にして，面白い置き方や美しく見える方法を考えて，楽しんで取り組むことができた。

■「墨を生かそう」では，墨の感触や特徴，色の広がり方などに関心をもって取り組み，進んでその表現方法や見方を広げようとすることができた。

■「わたしだけの名画」では，鑑賞した名画を自分なりに工夫して描くことに取り組み，著名な作品に対して関心をもつことができた。

■「自分への贈り物」を表す上で，表現したいことを伝えることに主体的に取り組み，そのための工夫を楽しみながら行うことができた。

■「食品サンプルをつくろう」では，表したい食品の特徴を関心をもって観察し，自分なりの表現方法を進んで見つけ，楽しんで取り組むことができた。

■「壁画をつくろう」では，クラスで大きな作品をつくろうとする中で，自分の役割を見つけられていない様子だった。全体で一つのものをつくるための工夫について考えることが望まれる。

■「日本の美術を鑑賞しよう」では，我が国の美術作品のよさを味わう中で，表面的な特徴だけを捉えている様子だった。その美しさなどに対して深く見る工夫が望まれる。

家庭　第5・6学年

趣旨　知識・技能

▶ **日常生活に必要な家族や家庭，衣食住，消費や環境などについて理解しているとともに，それらに係る技能を身に付けている。**

■ 家庭の仕事には自分や家族を支える様々な種類があることを理解し，自分にできる仕事の計画を作成し，実践することができた。
■ 一食分の献立作成では，栄養素に加え場に応じた調理が大切であることが分かり，だしのとり方，みその味や香りを損なわない扱い方など，調べたことを生かして調理することができた。
■ 衣服の働き及び洗濯やボタン付けなどの手入れの仕方を理解し，手縫いやミシン縫いなど目的に応じて使い分け，安全に布を用いた製作を行うことができた。
■ 季節の変化に合わせた住まい方を理解し，整理・整頓や清掃の仕方を考え快適に過ごすための計画を立て，実践することができた。
■ 物や金銭の大切さに気付き，商品の選び方を考えたり，環境に配慮した物の使い方について理解したりすることができた。
■ 手縫いやミシン縫いにおける目的に応じた使い分けは理解できたが，ミシン糸のかけ方と直線縫いに課題が見られた。個別指導を受け糸かけ技能は習得したので，直線縫いの練習を続けることが望まれる。
■ 栄養バランスの整った食事の必要性を理解し，一食分の献立作成はできたが，包丁の握り方や食材の切り方に課題が見られた。包丁の扱いに怖さを感じているので，安全な扱い方について引き続き学習する必要がある。

趣旨　思考・判断・表現

▶ **日常生活の中から問題を見いだして課題を設定し，様々な解決方法を考え，実践を評価・改善し，考えたことを表現するなどして課題を解決する力を身に付けている。**

■ 自分の生活時間の使い方に課題を見いだし，「家族の一員」として自分にできることを家庭の仕事に位置付け，工夫して計画を立てることができた。
■ 自分の食生活に課題を見いだし，栄養バランスや家族への思いを大切にして一食分の献立を工夫して考えることができた。
■ 布を用いた製作では，縫う部分に応じた縫い方を考える必要性に気付き，工夫して縫うことができた。
■ 校内の汚れ調査を行い，場所によって汚れには違いがあることに気付き，場所や汚れに応じた清掃計画を工夫することができた。
■ 自分の金銭の使い方と買い物について課題を見つけ，課題を解決する過程で計画的な使い方の大切さを工夫することができた。
■ ナップザック製作では，布や用具を丁寧に扱うことはできたが，時間内に完成させることができず計画性に課題が見られた。知識・技能面に加え計画的に活動できるようになるとよい。
■ 栄養バランスの整った献立作成について理解はできたが，食品の組み合わせの工夫に課題が見られたため，様々な食材の働きや調理法，その組み合わせ方について考えられるようになることが望まれる。

趣旨　主体的に学習に取り組む態度

▶ **家族の一員として，生活をよりよくしようと，課題の解決に主体的に取り組んだり，振り返って改善したりして，生活を工夫し実践しようとしている。**

■ 家族や地域の人々との関わりによって生活が成り立っていることが分かり，積極的に関わろうとしていた。
■ 食事の役割と栄養素の種類や働きを理解し，栄養バランスの整った一食分の献立を作成して栄養バランスや家族のことを考えて調理をしようとしていた。
■ 生活に役立つ物の製作では，どのような形や機能にするか，自分の生活に合わせて具体的に構想し進んで製作計画を立てつくろうとしていた。
■ 汚れ調査と家庭での清掃体験を基に，効率的な用具やその使い方，方法を考え，学校や家庭で主体的に清掃を行うことができた。

■ 自分の生活と身近な環境との関わりに興味をもち，身近な生活で行うことができる取り組みを進んで計画し，実行しようとしていた。
■ 家庭生活は，家族の協力のもとに成り立っていることは理解できたが，家族の一員として自分に何ができるかを考え，取り組もうとする態度に課題が見られた。
■ 場所と汚れに関して積極的に調査することはできたが，調査結果を基に清掃計画を立て，家庭での実践へと結びつけることに課題が見られた。

体育　第5・6学年

趣旨 **知識・技能**

▶ **各種の運動の行い方について理解しているとともに，各種の運動の特性に応じた基本的な技能を身に付けている。また，心の健康やけがの防止，病気の予防について理解しているとともに，健康で安全な生活を営むための技能を身に付けている。**

■ 長縄を用いた運動では，人数や縄の入り方を工夫したり跳び方を変化させたりしながら運動することができた。
■ リレーでは，テークオーバーゾーンでスピードを落とさずにバトンの受け渡しができた。
■ 水泳運動では，キック後の伏し浮きの姿勢を保ち，一ストロークで大きく進むゆったりとした平泳ぎができた。
■ ソフトボールでは，味方の投手の動きと打つ動きを「はいどうぞ」の言葉に合わすことでタイミングをとり，フェアグラウンド内に打ち返すことができた。
■ 保健学習では，病気には病原体が主な要因となって起こるものと生活行動が主な要因になって起こるものがあることを理解し，その予防に自覚をもつことができた。
■ 鉄棒運動では，逆上がりができなかったが，補助具を使うとできており，基本的な動きはできるようになってきたので，体を上昇させながら鉄棒に引き付ける動きを身に付けるとよい。
■ 表現では，即興的に踊る場面で固まってしまいひと流れの動きで踊ることができなかった。イメージがわかないときは踊りの得意な友達をまねるなどして動きを切らないことを目標に踊るとよい。

趣旨 **思考・判断・表現**

▶ **自己やグループの運動の課題を見付け，その解決のための活動を工夫しているとともに，自己や仲間の考えたことを他者に伝えている。また，身近な健康に関する課題を見付け，その解決のための方法や活動を工夫しているとともに，自己や仲間の考えたことを他者に伝えている。**

■ 長縄を用いた運動では，縄に入る・跳ぶ・出るのそれぞれに適した場所があることに気付き，その場所に印をつけるなどして友達とコツを共有することができた。
■ 前方支持回転では，支持の姿勢から腰を曲げるタイミングのコツをつかむためには，何度も確認して頭の位置に着目することに気付き，そのことを友達に教えることができた。
■ 友達のスタンディングスタートを観察し，すぐに上体が起きることに気付き，それを解決するためにスタート時は地面を見るという方法を提案することができた。
■ ソフトバレーボールでは味方が受けやすいボールにつなぐために，「ふわっと」という言葉を使ってパスのイメージを共有することができた。
■ 保健学習では不安や悩みがあるときの対処法について調べ，その方法を実演しながら分かりやすく説明することができた。
■ リレーでは精一杯走ることができたが，学習カードに仲間の動きのよさや自分の課題について記述することができなかった。走り出す場面やバトンパスの場面のように運動のある部分に着目して動きを分析できるようにするとよい。
■ ハンドボールでは「パス」「シュート」などの指示を出すことはできたが，具体的にどのような動きをすればよいのか，同じチームの仲間に伝えることができなかったので，分かりやすい伝え方を工夫できるとよい。

趣旨	
主体的に学習に取り組む態度	▶ **各種の運動の楽しさや喜びを味わうことができるよう，各種の運動に積極的に取り組もうとしている。また，健康・安全の大切さに気付き，自己の健康の保持増進や回復についての学習に進んで取り組もうとしている。**

■長縄を用いた運動では，友達から教えてもらった縄に入る位置や出る位置を意識しながら運動することができた。

■跳び箱運動では抱え込み跳びができるように，跳び箱の上に跳び乗る練習を繰り返し行い，技の感覚をつかむことができた。

■走り幅跳びでは計測や記録などの役割を分担することで，スムーズに学習が進むように協力して活動することができた。

■水泳運動では泳ぐことが苦手な友達の補助を積極的に行い，「かいて，蹴って，伸びる」のような動きをイメージできる言葉がけをすることができた。

■表現運動では題材のイメージをグループ内で共有しながら動きを考え，他のグループの動きや意見を参考にしながら積極的に活動することができた。

■マット運動では後転系の技が苦手なために積極的に活動することができなかった。膝を伸ばしたゆりかごでつま先がマットに着くことを目標にするなど，まずは自分ができそうなことに取り組むことが大切である。

■サッカーでは，チームが負け始めると意欲的に取り組めない姿が見られた。勝つ楽しさ以外にもチームの作戦を成功させる楽しさや意図したプレイを実現させる楽しさなどがあることに気付き，そのような楽しさを味わえるとよい。

外国語　第5・6学年

趣旨	
知識・技能	▶ **外国語の音声や文字，語彙，表現，文構造，言語の働きなどについて，日本語と外国語との違いに気付き，これらの知識を理解している。** ▶ **読むこと，書くことに慣れ親しんでいる。** ▶ **外国語の音声や文字，語彙，表現，文構造，言語の働きなどの知識を，聞くこと，読むこと，話すこと，書くことによる実際のコミュニケーションにおいて活用できる基礎的な技能を身に付けている。**

■理想の時間割を伝え合う活動では，「マス」ではなく“math (/mæθ/)” と発音するなど，日本語と英語の音声の違いを意識して発音することができた。

■クラスのみんなやALTに自己紹介をする活動では，“K-O-S-E-I，Kosei” と，アルファベットを文字単位で確実に読みながら伝えることができた。

■自分たちの町を紹介する活動では，“We can enjoy _.” や“We can see _.” などの長い文を，高さや形まで的確に書き写すことができた。

■一日の生活について伝え合う活動では，“get up” や “thank you” など，その場にふさわしい連語や慣用表現を適切に使うことができた。

■クラスのみんなやALTに自分のヒーローを紹介をする活動では，“She/ He is good at _.” などの複雑な表現を，正しい語順で的確に話すことができた。

■自分のヒーローをクラスのみんなに英語で伝えることができた。次学期（年度）は，さらに，“She can ～ well.” など，より正しい語順で話す姿を期待している。

■理想の時間割表を作成する活動では，アルファベットの形を意識して書き写すことができた。次学期（年度）は，アルファベットの高さも意識して書き写す姿を期待している。

趣旨 思考・判断・表現

▶ コミュニケーションを行う目的や場面，状況などに応じて，身近で簡単な事柄について，聞いたり話したりして，自分の考えや気持ちなどを伝え合っている。
▶ コミュニケーションを行う目的や場面，状況などに応じて，音声で十分慣れ親しんだ外国語の語彙や基本的な表現を推測しながら読んだり，語順を意識しながら書いたりして，自分の考えや気持ちなどを伝え合っている。

■ 日本の紹介をする活動では，「○○さんの発表から日本の秋のよさを知り，自分の発表にも取り入れたい」と述べ，クラスメイトの発表のよいところを，自分の発表に取り入れることができた。
■ 中学校生活への抱負を伝え合う活動では，入部したい部活動について，“I can practice every day.” や“I'm happy.” を加えて，考えや気持ちがより伝わる工夫をすることができた。
■ お勧めの国を紹介する活動では，多くのクラスメイトから共感を得そうな事柄を数ある中から選んで紹介するなど，伝える内容を工夫することができた。
■ 食べたい料理を注文する活動では，メニュー表に書かれた“parfait” の文字を見て，“pen” の“p” の音を思い出しながら推測して読むことができた。
■ 将来の夢を紹介する活動では，スピーチ原稿をつくるときに，“I want to be a(n) _. ” などの表現について，他者に分かりやすい構成を意識して書き写すことができた。
■ お勧めの国を紹介する活動では，“I want to see _.” の表現を使うことができた。次学期(年度) は，より多くの聞き手が想像しやすいような内容を期待している。
■ 自己紹介をする活動では，“I like ～.” の表現を使うことができた。次学期(年度) は，話す速さや目線など，さらに聞き手を意識した工夫を加える姿を期待している。

趣旨 主体的に学習に取り組む態度

▶ 外国語の背景にある文化に対する理解を深め，他者に配慮しながら，主体的に外国語を用いてコミュニケーションを図ろうとしている。

■ 行事を伝える活動では，“New Year's Eve” という表現を知り，「Chiristmas Eveの言い方と同じだ」と述べるなど，外国語の背景にある文化に気付き，理解を深めることができた。
■ 自己紹介をする活動では，聞き手の反応を見ながら，“Really ?” や“How about you ?” などの表現をうまく使って，会話を膨らませる工夫をすることができた。
■ 夏休みの思い出を紹介する活動では，聞き手の反応を見て，“I saw fireworks.” に，ジェスチャーをつけてもう一度ゆっくり言うなど，他者を思いやることができた。
■ 小学校生活の思い出アルバムを作成する活動では，クラスメイトの作品を見て，語と語の間に区切りをつけて書き写し直すなど，他者の読みやすさに配慮することができた。
■ 自分たちの町を紹介する活動では，「もっといろいろな人たちにこの発表を聞いてもらいたい」と活動後に述べるなど，進んで他者とコミュニケーションをとることができた。
■ 夏休みの思い出を伝え合う活動では，動作の表現を使うことができた。次学期 (年度) は，さらに友達の反応を見て，会話を膨らませる姿を期待している。
■ 自分たちの町を紹介する活動では，“We have ～.” の表現を使うことができた。次学期 (年度) は，さらにコミュニケーションの相手を広げていくような姿を期待している。

学習全般に関する所見

教科全般

■ 表現力が豊かで，色使いや組合せを生かした造形をしたり，絵や図を交えて調べたことを効果的に表現したりすることが得意であった。
■ じっくりと思考することが得意で，特に，社会科の歴史学習や国語の文学的な文章の読解では，いろいろな見方や考え方をすることができた。

■読書が好きで知識が豊富である。社会科や理科の学習では，知識や技能を生かして積極的に学習に参加することができた。
■人との関わり方に温かさがあるので，友達とともに話し合い，友達のよいところにもっと目を向けることができるよう心掛けるとよい。

学習意欲

■どの教科においても自分の学習課題を明確にし，解決の見通しをもって主体的に取り組むことができた。
■学習意欲が旺盛で，授業に必要な資料を自分で用意したり，学習したことを家庭で実践したりすることができた。
■自分の考えや根拠を明らかにしたノートづくりを行い，常に問題を考える過程で，楽しさを感じながら表現し学ぶ姿には，勢いがある。
■どの学習でも積極的に発表したり表現したりできるので，学んだことを友達にも広げることができれば，より深い学びにつながる。

学習態度

■見学や調査活動では，自分が明らかにしたい事柄をはっきりさせて自ら必要な情報を収集して追究することができた。
■自分の考えをしっかりともち，教師や友達の話を自分の考えと比べながら聞くことができるなど，どの学習においても集中して取り組むことができた。
■ノートの使い方が丁寧で，自分なりの工夫をして学習内容を分かりやすく記録し，学習の足跡を残すことができた。
■何事も真剣で落ち着いた学習態度で学習に取り組んでいるので，あきらめず最後までやり抜くことができれば，よりよい成果につながる。

学習耐性

■与えられた課題を自分の課題として真剣に受け止め，根気が必要な学習活動についても，最後まで粘り強く取り組むことができた。
■学習課題を解決するために，図鑑や資料を活用して調べたり，自ら地域に出かけて聞き取り調査をしたりするなど，積極的に努力することができた。
■得意なことはもちろん，苦手なことや根気がいる学習活動にも，最後までやり遂げようと粘り強く努力することができた。
■好きな教科については根気強くがんばる姿勢が見られるので，苦手に思う学習なども少しずつやり抜くことができれば，よりよい成果につながる。

学習成果

■継続的に読書をすることで，物語の主題を捉えたり，分かりやすく文章にまとめたりする力が育ってきた。
■算数ではドリル学習に繰り返し取り組み，特に苦手であった分数の計算も速くできるようになり自信を付けてきた。
■いつも次のことを考えながら行動しているので，学習の場面でも切り替えが早く，みんなを次の活動へと誘うことができた。
■学級会で，討論の流れを予想し説得力のあるものへと進められるので，反対派の意見を予想しつつまとめられると，さらによい話合いにつながる。

学習習慣

■翌日の学習内容や必要な用具を確認する習慣が身に付いているなど，常に見通しをもって学習に臨むことができた。
■自分の苦手な分野が分かり，克服するために必要な学習を考え，計画を立てて取り組むことができるようになった。
■「自主学習は必ず1時間がんばる」など自分で目標を決め，目標達成に向けて努力しようと自分を高める姿はみんなの手本となっている。
■いつも友達の意見をよく聞き，友達の考え方から学習の中身を広げているので，自分で深く学ぼうとするようにすれば，よりよい学習習慣につながる。

集団学習

■グループ学習ではみんなの中心となり，追究活動の方向を決めたり，よりよい考えを出したりして，学習の充実に努めることができた。
■グループ学習では友達の考えを生かし，話し合った内容を分かりやすくまとめて発表するなど，リーダーシップを発揮して活動できた。
■友達とたくさん関わりながら，まわりの意見をよく聞いて考え理解を深めようとすることができた。
■友達と共に農業・水産業の特色などを十分に理解し話し合っているので，グラフを読み取るポイントなどをまとめられると，さらによい話合いにつながる。

体験学習

■清掃活動や福祉活動に積極的に参加し，地域の一員として活動する意味を体験的に学ぶことができた。
■国語のニュース番組づくりでは，分かりやすい発表を心掛け，進んで原稿の構成を工夫したり読む練習をしたりするなど意欲的に取り組むことができた。
■家庭科の調理実習は，調理をしながら片付けをする手順まで事前に考えているほど手際がよく，意欲的に取り組むことができた。
■耕地や用水の整備，苗づくりなどの問題を体験を通して考えることができているので，ノートに表し，問題をより明確にできるとよい。

作業学習

■自分なりの発想や構想をもち，見通しをもって楽しく作業学習に取り組むことができた。
■よりよい作品づくりをしようという願いをもち，友達から学んだり自分で工夫したりして，創意ある作品に仕上げることができた。
■飼っている学級のメダカを友達と共に世話をして，メダカが住みやすいようにきれいな環境づくりを心掛け，生き物を大切にすることができた。
■教室や靴箱の整理・整頓，点検を欠かさず行うことができているので，よりよい教室環境にするため，みんなの整頓への意識を高めることができるとよい。

その他に関する所見

学習に影響を及ぼす健康状況・身体状況

健康状況（心・体）

・好奇心が旺盛で，学習中に友達の様子を見に教室を動き回ることもあったが，今取り組むべき課題を短時間にすることで落ち着いて学習に取り組むことができた。
・友達の気持ちや考えを大切にしながら行動し思いやりを表していた。友達との行き違いを乗り越えてよりよい友達関係ができるようになった。
・不自由さを感じさせず，一人で黙々と掃除をしている姿に責任感の強さが表れており，その態度が友達から信頼される理由である。
・話合いのときにはいつもグループのリーダー的な役割を果たしていた。周囲の友達の意見を積極的に聞くようになれば，最後までリーダーとして行動できる。

身体状況(体力状況)

・やや標準体重を上回っている傾向にあるが，身体を動かすことへの抵抗感のないよう鉄棒や運動会の取り組みなどで，絶えず様子を見ながら声かけを行った。

・アレルギー体質があり，給食でも除去食対応などで配慮をしているので，野外学習での食事内容などについても家庭と十分連絡を取って進めた。

・身体的なことで激しい運動をみんなと一緒にすることはできないが，持ち前の明るい性格で，友達へ優しい言葉がけや態度で接していた。

・友達の声を一生懸命聞きとろうとし，自分の考えや思いを臆さずに話している。新たな視点を見つけることで喜びを表現できるようになるとよい。

学習に影響を及ぼす環境的諸条件

学校

・学期ごとに体格がよくなり，すぐに机やいすが体に合わなくなり姿勢を崩してしまうことがあるので，机といすの調整には十分に配慮した。

・パソコンの操作が得意で，休み時間にもインターネットを活用して情報収集し，友達に伝達しているほどであった。

・図書資料をしっかりと読み取り，そこから学習した内容を次の学習に生かすように考え，解釈して表現する場面がよくあった。

・好奇心が旺盛で，探究心をもって何事にも興味関心を示し，積極的に関わることができるので，一つひとつまとめ上げてから次にかかるよう助言した。

家庭

・就寝時間が遅くて朝起きられず，集中しにくいことがある。早寝早起きの生活リズムを築くよう，本人とともに保護者にも働きかけた。

・学校から下校後，しばらくの時間一人で留守番をしていて家庭学習がままならない。放課後に残って学習するように勧めた。

・家庭の応援もあり，細かな作業も見通しをもって行い，常に自分の考えを明確にして表現するように最後まで粘り強く取り組むことができた。

・保護者が仕事のため帰りが遅くなり持ち物や学習道具がそろえられないことがあった。学習に必要なものは，計画的に早く伝えるよう配慮した。

地域

・地域の運動クラブのキャプテンとして活躍し自信を付けたことで，学校でも班長に進んで立候補するなど，積極性が出てきた。

・地域の高齢者と一緒になって，公園の清掃活動を熱心に行い，地域の人との関わりを深め，地域の人たちの名前をすべて言うことができた。

・社会科の地域学習では，歴史を伝える建物や地域のよさを生かして町づくりを行っていることを進んで発表することができた。

・地域防災訓練のとき，周りの様子を見て声をかけるなど真っ先に協力していたが，自分の自由な発想で行動し過ぎて，頼んだ仕事が十分にできなかった。

児童の努力を要する点や今後の指導で特に配慮を要する点

全体

- 既習内容を基に筋道を立てて考えなければならない場面では，今までの学習を想起するよう個別に指導を重ねた。
- 友達の言動を必要以上に気にかけて不信感をもち，お互いを避けるようになっていた。家庭と相談の上，安心感をもたせる声かけを行った。
- 4月から最高学年になるので，視野を広げ，下級生にも思いやりをもって関わっていけるよう自分に自信をもって歩んでいくように助言した。
- 下級生のお手本として，仲間と協力しながら何事にも一生懸命に取り組もうとがんばっているので，持ち前の発想力を生かしていくよう助言した。

教科

- 割合の理解が十分とは言えず，比の学習などにも影響し滞りを見せたので，5年生の復習も行いながら個別に指導を重ねた。
- 理解力に優れ，学習に意欲的に取り組むが，学習内容によって興味・関心の差が大きくなるため，どんな学習にも一生懸命に取り組むように指導した。
- どの学習でも，積極的に発表したり自分を表現したりすることができていた。じっくりと粘り強く取り組むよう指導した。
- 学習時間の課題をしっかりと捉え，常に自分の考えをもとうとしているが，積極的に自分を表現できるまでには至っていない。

特別の教科　道徳の所見

A 主として自分自身に関すること

(1) 道徳性に係る成長の様子

■ 学習を通して，自由のよさと，自分を律すること，自分の責任について考え，「自由というときには，周りの人のことを考えたり，自分の責任を考えたりして，自由をよく考えたい」とノートに書いていた。
■ 教材の登場人物について話し合う中で，自分の心に正直であることや自分自身や相手にとって誠実であることのよさに気付き，「難しいけれど，自分もそうありたい」とノートに書いていた。
■ 学習を通して，登場人物の行動や考え方について話し合う中で，「自分の生活を見直し，もう少し物を大切にしたり，丁寧に扱ったりしていきたい」と発言していた。
■ 目標に向かって，あきらめずに努力を重ねて夢を実現していった教材の主人公の姿に憧れの気持ちを抱きながら，自分が夢に向かってできることは何だろうと考え，主人公の姿に少しでも近づきたいと意欲を高めていた。
■ 学習を通して，本当の自由について考え，自由とわがままは異なると気付いて，発言していた。本当の自分のよさについて考える中で，なりたい自分を見つけていってほしい。

(2) 一面的な見方から多面的・多角的な見方へ発展している

■ 教材の登場人物それぞれの立場に立って，自由について考える中で，自由であるために大切なことについて考えを深め，発言していた。
■ 真理を求め続ける心について話し合い，多様な考えに触れる中で，真理を明らかにすることの値打ちだけでなく，それを支える思いの大切さに気付き発言していた。
■ 教材の登場人物について話し合う中で，自分のよさに気付いたり自分を伸ばしたりするために大切なことについて，様々な視点から考え，発言しながら考えを深めていた。
■ 教材のいろいろな登場人物の視点に立って考えたり，話合いを深めたりしていくことで，自分自身に誠実であることのよさを，多様な角度から捉えて発言していた。
■ 教材について考える中で，「友達のよいところだけでなく，自分のよいところを見つけていきたい」とノートに書いていた。自分の特徴を多面的に捉えていってほしい。

(3) 道徳的な価値の理解を自分自身との関わりの中で深めている

■ 教材の主人公の葛藤や悩みながらも自分自身の心への誠実な生き方を選び取った姿から，「自分には，まだできないかもしれないけれど，格好いい生き方だと思った」と自分の考えをノートに書いていた。
■ 教材の登場人物と自分を重ねながら考え，学習を振り返り，「自分の短所を決めつけないで，自分を伸ばしていきたい」とノートに書いていた。
■ 教材の登場人物の姿と自分の経験を重ねて振り返り，「分かっているけれど，つい主人公のように，無駄遣いをしてしまうときがある」と自分を見つめ改善点を考えていた。
■ 教材の登場人物の生き方や考え方に強く共感しながら考える中で，真理を求めることの大切さと，それを支える心について考えを深めていた。
■ 教材の主人公の姿から，「失敗してもあきらめないことでできることもある，努力することが大切だ」と考え，ノートに書いていた。自分の経験も振り返りながら考えてみてほしい。

B 主として人との関わりに関すること

(1) 道徳性に係る成長の様子

■ 教材から，どうすることが相手の立場に立った親切になるのかと考えながら，「自分も，主人公のように人の喜びを自分の喜びにしたい」とノートに書いていた。
■ 教材について話し合う中で，自分はいつも多くの人に支えられて生活していることに改めて心を向け，「支えてくれる人に応えていきたい」と強く思いノートに書いていた。

■ 学習を通して，心のこもったあいさつや礼儀のもつ意味について考え，「自分から相手を大切にする心を届けていきたい」と発言していた。

■ 学習を通して，異なる立場や考えを受け入れることの難しさとよさを捉えながら，「なかなかできないかもしれないけれど，そんな心を大切にしていきたい」と考えたことを発言していた。

■ 学習を通して，「友達とは」と考え，「助け合うことや信頼し合うことで友情は深まる」と発言していた。学んだことのよさを大切にして自分の思いにつなげていってほしい。

(2) 一面的な見方から多面的・多角的な見方へ発展している

■ 教材のいろいろな登場人物の視点に立ちながら，友達なら何をするべきかを話し合い，友情について考えを深めながら発言していた。

■ 親切にされた側，親切にした側など多様な視点から，一つの親切について考え，話し合うことを通して，親切や思いやりのある行動を支える心にまで目を向け，考えを深めて発言していた。

■ 教材のいろいろな登場人物の立場から，問題についての判断の理由や気持ちについて考える中で，互いが相手の立場を理解し，大切にしていこうとすることのよさに気付き，発言していた。

■ 教材を基に友達と話し合うことを通して，礼儀作法に込められたものやよさを，いろいろな視点から捉え，ノートに書いていた。

■ 教材の主人公の行動や気持ちを考える中で，相手の失敗や過ちを受け止めていく広い心の大切さに気付き発言していた。いろいろな立場からも広い心のよさについて考えてみてほしい。

(3) 道徳的な価値の理解を自分自身との関わりの中で深めている

■ 学習を通して，「親切とは，どんな思いや考えが大切なのか」を話し合う中で，自分が親切だと思ってしていたことは，相手にとってどうだったのだろうかと，これまでの自分を振り返っていた。

■ 学習を通して，自分の経験を思い起こし，教材と自分を重ねて考えながら，自分と異なる考え方や相手の思いを受け止めることの難しさと大切さをみんなに伝えていた。

■ 教材の登場人物に自分の思いを重ねながら考え，人から思いやりの心を受け取ったときの心の温かさや喜びを，自分の言葉でみんなに伝えていた。

■ 教材の登場人物の気持ちに自分の気持ちを重ね，「近くにいることだけが友達ではない」と発言しながら，真の友情とは何かと考え続けていた。

■ 教材を通して，時と場をわきまえたあいさつや礼儀作法のよさに気付き，ノートに書いていた。自分の生活も見つめて，あいさつや礼儀作法について考えてみてほしい。

C 主として集団や社会との関わりに関すること

(1) 道徳性に係る成長の様子

■ 教材について話し合う中で，自分の権利ばかり主張していては集団社会は成立しないことに気付き，身近なところから，自分だけでなく周りの権利を大切にしたいと発言していた。

■ 誰かのために働くことが自分自身の喜びややりがいだと気付いた登場人物に共感しながら考え，「自分も，役立つ仕事をしていきたい」とノートに書いていた。

■ 教材を通して，互いの国の文化を理解することは，互いが理解し合うために大切であることに目を向け，「まず，自分が自国の文化について知ることから始めたい」とノートに書いていた。

■ 教材を通して，地域に伝わる伝統や文化には，込められた先人の思いや願いがあることを知る中で，それらを大切にしていきたいと発言していた。

■ 教材を通して，集団での役割を考える中で，それぞれが力を出し合って協力しながら自分の役割を果たしていくことの大切さに気付き，発言していた。友達と協力して自分の役割を果たしていけるように努めてほしい。

(2) 一面的な見方から多面的・多角的な見方へ発展している

■ 学校のきまりの意義に関する話合いから，社会のきまりが何のためにあるのかという視点まで広げて考えていた。
■ 話合いを通して，「働くことのよさ」は多様にあることに気付き，友達の意見に耳を傾けながら，考えを広げていた。
■ 話合いを通して，教材のいろいろな登場人物の立場から考えることで，不公平があることの問題点を多様な視点から捉え発言していた。
■ 教材を通して話し合う中で，我が国に昔から伝わる伝統文化のよさだけでなく，伝統を大切にし受け継いでいくことの大変さやよさにも目を向けて，ノートに書いていた。
■ 教材から，世界の国には，それぞれに大切にしてきた歴史や文化があることに気付き，調べてみたいと意欲を高めていた。いろいろな視点から歴史や文化を守り発展させていくための方策を考えていってほしい。

(3) 道徳的な価値の理解を自分自身との関わりの中で深めている

■ 学習を通して話し合う中で，正義を実現するには，周りに流されないことや自分の意志を強くもつことが大切だと考え，その難しさを捉えながら，今の自分を振り返っていた。
■ 教材の登場人物に自分を重ねながら考え，誠実に取り組む中で生まれる仕事の喜びややりがいに気付き，これまでの自分の仕事への取り組み方を見つめ直していた。
■ 学習を通して自分と家族の関わりを見つめ直し，家族が自分に与えてくれる愛情について考える中で，家族として今の自分にできることは何かと考えていた。
■ 教材の登場人物に自分を重ねて考え，自分の役割を果たしていこうとすることの大切さに気付き，そのよさを自分の言葉でみんなに伝えていた。
■ 教材の登場人物のとった行動から，周りに流されずに正しいと思うことを主体的に判断し，行動していくことの難しさとその力について考え，ノートに書いていた。登場人物に自分を重ねながら考えていってほしい。

D 主として生命や自然，崇高なものとの関わりに関すること

(1) 道徳性に係る成長の様子

■ 学習を通して，人は多くの人とのつながりや支えの中で生きているということを捉え，「命を大切にしたい，これからのつながりを大切にしていきたい」と発言していた。
■ 教材を通して，自然がもつ力や素晴らしさに改めて目を向け感動し，「自然を守るために自分にできることをしていきたい」とノートに書いていた。
■ 教材を通して，人の心の中にある崇高さや偉大さへの感動を捉え，「自分の中にもある心の美しさを大切にしたい」とノートに書いていた。
■ 教材の登場人物が苦しいことや自分自身の心の弱さを乗り越え，自分の願う道を歩んでいった姿に憧れをもち，「自分もそういう人でありたい」とノートに書いていた。
■ 学習を通して，命には限りがあるものだから，限りある命を精いっぱいに生きることが大切だと発言していた。考えたことを自分の思いや行動につなげていってほしい。

(2) 一面的な見方から多面的・多角的な見方へ発展している

■ 教材を通して「命」について話し合う中で，「命は一つしかない」という考えを広げ，「つながっている」「支えられている」など様々な視点から捉えて，ノートに書いていた。
■ 教材の登場人物が自然に触れたときの思いを話し合う中で，自然の偉大さや生命力，神秘性など，自然がもつ様々な素晴らしさに気付き，発言していた。
■ 教材に心動かされたところについて話し合う中で，「人のために行動できる心」というだけでなく，友達の意見から「それに気付いて感動できる心もすてき」と考えを広げていた。

■話合いを通して，人の心の弱さと強さに目を向けながら，「よりよく生きる」とはどういうことなのか，多様な視点から考えを深めていた。
■学習の中で，自然の雄大さや素晴らしさなどについて，興味をもって友達の話を聞いたり，自分が自然に触れたときの感動を発言したりしていた。自然環境を守るために自分たちでできることを考えていってほしい。

(3) 道徳的な価値の理解を自分自身との関わりの中で深めている

■学習を通して，人は自分だけでなく多くの人とのつながりや支えで生きていること，その中で自分の命はかけがえのないものであることに気付き，自分の命を，どうすることが大切にすることなのかと，自分を見つめ考えを深めていた。
■教材を通して，人の心の気高さや尊さ，素晴らしさに触れ，感動したことを基に，自分の在り方や生き方について深く考え，ノートに書いていた。
■自然の素晴らしさや自然のもつ力に感動する中で，これまでの自分を振り返りながら，これから自分は，この自然を大切にしていくために，どのように関わっていけばよいのかと考え，ノートに書いていた。
■教材の登場人物が辛いことや自分の弱さを乗り越えていった姿から，改めて自分が諦めずにがんばってきたことや乗り越えてきた経験を見つめ，自分の中にあるよさや力に気付いていた。
■逆境を乗り越え，目標をもって強く生きていく教材の主人公の素晴らしさについて発言していた。自分自身の経験と重ねながら目標をもつ生き方について考えてみてほしい。

全　般

児童の学習状況や大くくりなまとまりを踏まえたもの

■いつも教材の登場人物に自分の思いや経験を重ねながら考え，具体的にイメージしながら話合いを深めていた。
■教材の登場人物の生き方について話し合うことを通して，自分とは違う立場や感じ方，考え方があることに気付き比べる中で，自分の考えをさらに広げ深めていた。
■学習したことと自分を重ねて捉え，じっくりと自分を見つめながら考えていた。ノートには考えたことがいつもたくさん書かれていた。
■「自分ならどうするか」という視点で考え，その理由について話し合う中で，友達の意見をしっかりと聞き考えを深め，自分を見つめ直していた。
■友達の考えをしっかりと聞き，ノートにたくさん書いていた。登場人物の行動のよさや素晴らしさにも気付き発言していた。話合いを通して，自分が考えたことや分かったことを書いたり，発表したりしてほしい。

総合的な学習の時間に関する所見

総合的な学習の時間「評価の観点及びその趣旨」

趣旨 **知識・技能**
▶ 探求的な学習の過程において，課題の解決に必要な知識や技能を身に付け，課題に関わる概念を形成し，探求的な学習のよさを理解している。

趣旨 **思考・判断・表現**
▶ 実社会や実生活の中から問いを見いだし，自分で課題を立て，情報を集め，整理・分析して，まとめ・表現している。

趣旨 **主体的に学習に取り組む態度**
▶ 探求的な学習に主体的・協働的に取り組もうとしているとともに，互いのよさを生かしながら，積極的に社会に参画しようとしている。

総合的な学習の時間「活動分野別一覧表」

		国際理解	情報	環境	福祉・健康	人権・平和	教科等の発展	地域・学校
課題設定	問題解決能力		○	○	●		●	
	課題を見つける力	●	●			○		●
	課題をつくる力	○		●	○	●	○	○
計画立案	計画立案能力	○	○	○	○	○	●	○
	見通しをもつ力	●	●	●	●	●	○	●
情報収集	情報収集能力	○	●	○		○	○	
	情報選択能力		○	●	●		●	●
	情報処理能力	●			○	●		○
整理・分析	情報活用能力		○					
	コミュニケーション能力				○			●
	総合的な思考・判断			●				○
	意思決定する力	○	●			●		
	関係付ける力				●	○		
	分析的思考			○			●	
	多面的思考	●					○	
まとめ・表現	情報発信能力	●		●		○		
	発表力	○						●
	表現力			○			○	
	実践力				○		●	
	説得力		●			●		○
	学習活動に関わる技能・表現		○		●			
主体的に学習に取り組む態度	知識を応用し総合する力						○	●
	持続する探究心	○					●	
	自己評価・他者評価				●	○		
	社会の一員としての自覚		○			●		
	学習への主体的・創造的な態度		●	○				
	自己調整力			●				○
	社会への参加・参画	●			○			

（斜線）高学年にあって中学年にないもの

○ = 事例1 (活動分野別例１事例目)
● = 事例2 (活動分野別例２事例目)

総合的な学習の時間の記録：活動分野別例

国際理解

事例1 国際交流　～世界へ羽ばたこう～

課題設定〈課題をつくる力〉

■ 英語科のALTや外国の方と交流して自分が興味をもった国を調べ，その国を訪問するためには，どんなことを知っておく必要があるのかという課題を見いだしてその国の特徴を知ることができた。

計画立案〈計画立案能力〉

■ 自分が訪ねたい国の特徴について，どのような方法で，どんな視点で調べてまとめ，発信していくのかについて，具体的に計画を立てることができた。

情報収集〈情報収集能力〉

■ インターネットの検索操作を適切に行ったり，図書館で資料を探したり，旅行会社の人にインタビューしたりするなど，訪問計画に必要な情報を探し出すことができた。

整理・分析〈意思決定する力〉

■ 同じ国のことを調べている友達や違う国のことを調べている友達と情報を交換する中で，自分の訪問計画を決め，確かなものにしていくことができた。

まとめ・表現〈発表力〉

■ 自分が選んだ国の訪問計画をプレゼンテーションし，質問を受けることによって，より実行力のある計画へと修正することができた。

主体的に学習に取り組む態度〈持続する探究心〉

■ 国際人として，これから世界へ羽ばたいていくために，様々な国のことを知り，自分の見聞を広めていきたいという願いを強くもとうとしていた。

事例2 国際理解・国際交流　～ピクトグラムで安心・安全な街～

課題設定〈課題を見つける力〉

■ 東京オリンピックや大阪万博が開催されることを知り，多くの外国の人々が日本を訪ねるということから，安心・安全に道案内ができ，外国の方が目的地に行けるために，分かりやすいピクトグラムの必要性を感じ，その作成を考えることができた。

計画立案〈見通しをもつ力〉

■ 今ある地図記号や街の案内記号から分かりにくいものや複雑すぎるものを見つけ，それを改善したり，新たなピクトグラムを開発したりすることによって，安全・安心な街づくりができるように見通しをもって学習に取り組むことができた。

情報収集〈情報処理能力〉

■ 集めたピクトグラムに関する情報から，分かりやすいピクトグラムの条件を見いだし，それに基づいて様々な言語の方にも対応できるようにピクトグラムを開発することができた。

整理・分析〈多面的思考〉

■ 文字を使わないことによって，外国の方だけではなく高齢者などにも分かりやすいように，ピクトグラムをシンプルにするように工夫しながら開発することができた。

まとめ・表現〈情報発信能力〉

■ 開発したピクトグラムを万国博覧会協会や市役所に発信し，その感想や意見を基にして，開発し直し，よりよいピクトグラムにすることができた。

主体的に学習に取り組む態度〈社会への参加・参画〉

■ 地域の行事でも発信したり，国土地理院にも送ったりしながら，自分たちが開発したものにどれだけ実効性があるかを考え，自分たちが社会に参画することの大切さを感じられるようになった。

情　報

事例1 情報収集・発信　～地域新聞をホームページで紹介しよう～

課題設定〈問題解決能力〉

■「○○発見の旅」という課題を設定し，自分が住む地域の何をどんな方法で情報発信したらよいかを決めることができた。

計画立案〈計画立案能力〉

■ 調べてきた内容について，文章で紹介すること，写真や絵として表現することを明確にし，リンクする内容を決めるなどホームページの全体の計画を立てることができた。

情報収集〈情報選択能力〉

■ 修学旅行の事前に調べたことや旅行中に取材して調べたことの中で，ホームページ上に表現するとよいものは何かを適切に選択することができた。

整理・分析〈情報活用能力〉

■ ホームページを見る人の立場になって考え，文字の大きさや色，言葉遣いや全体の構成などを班で話し合いながら，分かりやすく工夫して表現することができた。

まとめ・表現〈学習活動に関わる技能・表現〉

■ 世界中の人に見てもらえるように，自分がつくったホームページを学校のホームページ上に登録する操作を適切に行うことができた。

主体的に学習に取り組む態度〈社会の一員としての自覚〉

■ ホームページで表現することを通して，社会の人に自分の考えたことを発表する値打ちを理解し，社会により価値のある内容を表現しようとする気持ちをもつことができた。

事例2 情報モラル　～ストップ！SNS被害～

課題設定〈課題を見つける力〉

■ SNSによる物的，人的被害の実態を知り，自分たちの身近なところに潜んでいる危険に気付き，それを回避するためにどんな方法が取れるのかを考えようという課題を見つけることができた。

計画立案〈見通しをもつ力〉

■ 専門家の情報からSNSの被害の実態とその対策方法を知り，自分たちと自分たちの周りにいる人たちにも伝えていきたいという願いをもち，「ストップSNSガイドブック」を作成して解決することができた。

情報収集〈情報収集能力〉

■ 小学生と中高生にインタビューして，実際にどんな被害にあったのかという情報を集め，事例ごとに対処する方法をまとめるために，情報を比較することができた。

整理・分析〈意思決定する力〉

■ ガイドブックに書く対策方法を実効性のあるものにするために，ベストな行動とはどんなことかを考えながらガイドブックに書く情報を決定していた。

まとめ・表現〈説得力〉

■ 多くの事例から共通することを重要事項ベスト5として絞り込み，ガイドブックを読んだ人が納得して使ってもらえるようにガイドブックの構成を工夫することができた。

主体的に学習に取り組む態度〈学習への主体的・創造的な態度〉

■ 作成したガイドブックをより実効性のあるものにしたいと願い，ガイドブックに載っていない事例が見つかった場合には追加してNo.2を作成しようと意欲を高めていた。

環　境

事例1 環境活動　～われら環境調査隊～

課題設定〈問題解決能力〉

■ 地球温暖化を示す映像をみて，自分たちが住んでいる地域の環境は，どのような状況にあるのかについて，興味をもって意欲的に課題に取り組むことができた。

計画立案〈計画立案能力〉

■ 学校でできること，今自分が取り組めることは何か，地域へ出て行って調べることは何であるかを明確にして，いつ，どのような方法で調査するかを具体的に計画することができた。

情報収集〈情報収集能力〉

■ 実際に川や山などへ調査に行き，数地点での環境状況を正確に捉え，近くに住んでいる人たちにインタビューをすることを通して，多くの情報からより正しい情報を得ることができた。

整理・分析〈分析的思考〉

■ アンケート調査を行い，それを分析し，環境の実態とそれらに関わる地域の人の意識との関係について考察し，発信すべき内容を見つけることができた。

まとめ・表現〈表現力〉

■ 自分たちが調べたことを分かりやすく表現するために，具体的な画像を示したり，アンケート調査を比較しやすいように表やグラフで示したりするなど，まとめ方を工夫することができた。

主体的に学習に取り組む態度〈学習への主体的・創造的な態度〉

■ 実際に汚れていた川の周辺をきれいにしようと清掃活動を進んで行ったり，さらにクラスの仲間や地域の人へ川の環境美化について呼びかけたりすることができた。

事例2 食育・環境問題　～食品ロスゼロを目指そう～

課題設定〈課題をつくる力〉

■ 環境団体がまとめた食品ロスの実態を知り，どれだけ無駄なことが実際に起こっているのかを調べたいと願い，食品ロスゼロを目指した取り組みを見つけることを課題として設定することができた。

計画立案〈見通しをもつ力〉

■ 自分たちの給食の残量，家庭での食品の残量を累計し，そこから見える対策法を考え，食品ロスゼロを目指すためにどんな取り組みができるのかを見通すことができた。

情報収集〈情報選択能力〉

■ スーパーマーケットや飲食店などで食品ロスに取り組んでいるところを訪ねてインタビューしたり，発刊されているパンフレットを参考にしたりして，自分たちにできることを取り入れた取り組みにすることができた。

整理・分析〈総合的な思考・判断〉

■ 食品ロスゼロに向けて，理想となることと実際に多くの人が取り組めることとを判断し，個人が取り組むこと，学校や市として取り組んだほうがいいことを分けて考えることができた。

まとめ・表現〈情報発信能力〉

■ 新聞社の支局やケーブルテレビなどに連絡を取り，自分たちが作成した食品ロスゼロに向けたプロモーションビデオを放送してもらえるように交渉し，記事や番組として発信することができた。

主体的に学習に取り組む態度〈自己調整力〉

■ 食品ロスゼロになることが環境問題の解決につながることを理解し，そうした壮大な取り組みだけではなく，自分たちの身近な課題を解決することにも意欲的に取り組もうとしていた。

福祉・健康

事例1 ボランティア　～人に優しい町をつくろう～

課題設定〈課題をつくる力〉

■ 配慮を要する人たちが生活する上で，どんなことが困るのか，どんなことを解決してほしいと願っているのかを考え，自分たちにできることを課題として設定することができた。

計画立案〈計画立案能力〉

■ 自分たちが住んでいる町は，配慮を要する人たちへ，どのような配慮がなされているのかを調べる方法を考え，学習計画を立てることができた。

情報収集〈情報処理能力〉

■ 身障者用設備調査や身障者協会などの施設への聞き取りを通して，自分たちが住む町は，配慮を要する人への配慮がなされているか判断することができた。

整理・分析〈コミュニケーション能力〉

■ 高齢者施設の訪問，一人暮らしの高齢者への手紙や音読テープづくりなど，自分たちができそうなことを考えて計画を立て，ボランティア活動に進んで取り組むことができた。

まとめ・表現〈実践力〉

■ 自分たちにできるボランティア活動の計画を立て，グループの仲間と内容を吟味しながら，活動することができた。

主体的に学習に取り組む態度〈社会への参加・参画〉

■ 配慮を要する人への偏見がなくなり，一人暮らしの高齢者や障がいがある人に少しでも喜んでもらえるようにと願い，思いやりの心をもてるようになった。

事例2 体力・健康・キャリア　～人生100年の設計図を描こう～

課題設定〈問題解決能力〉

■ 平均寿命の変化を示すグラフから人生が100年時代になることが夢ではないことを把握し，それらを実現するためには，今からどんなことをしなければいけないかという課題を見つけて，取り組むことができた。

計画立案〈見通しをもつ力〉

■ 人生100年を見通すために，生命保険会社が作成したキャリアプランニングを用いて，自分の人生に見通しをもとうとし，実際に未来を想像しながら書き込むことができた。

情報収集〈情報選択能力〉

■ 中学校，高等学校，大学，就職，結婚など，人生の節目のところで，どのような進路をたどるほうがいいのかを判断しながら，設計図を描くことができた。

整理・分析〈関係付ける力〉

■ 自分が将来就きたい仕事やなりたい自分など，自分の人生を未来からの逆向き設計で考えて，現在の自分の過ごし方などを考えることができた。

まとめ・表現〈学習活動に関わる技能・表現〉

■ 作成した人生の設計図（キャリアプラン）をみんなの前で発表し，自分の将来の夢を卒業式や卒業文集でもまとめて発信しようという意欲を高めることができた。

主体的に学習に取り組む態度〈自己評価・他者評価〉

■ 友達の夢を聞き，その素晴らしさに共感し，自分の夢の実現のための参考にするとともに，みんなが輝く夢を実現するために，社会に向けて何ができるのかを探ろうとしていた。

人権・平和

事例1 平和・平等　～私たちにできるSDGs大作戦～

課題設定〈課題を見つける力〉

■ SDGs（エスディージーズ）について知り，自分たちにできることは何かを考え，少しでもできる取り組みについて実行していこうという課題を見つけることができた。

計画立案〈計画立案能力〉

■ 課題を達成するためにできることを国際連合の報告書から読み取り，具体的なアクションプランとして計画を立てて，実行できた。

情報収集〈情報収集能力〉

■ 海外の情報や身近な課題についての情報を集め，アクションプランをより実行可能なものにしていくために，インタビューなどを通して人からも情報を集めることができた。

整理・分析〈関係付ける力〉

■ 集めた情報を17のカテゴリーに分けて，SDGsの目標達成のためにできることを明確にしようと話合いを進め，自分たちが考えたプランを再考することができた。

まとめ・表現〈情報発信能力〉

■ 17のカテゴリーごとのプレゼンテーションを行い，「誰一人取り残さない」という理念が下級生にも伝わるように，発表の仕方を工夫することができた。

主体的に学習に取り組む態度〈自己評価・他者評価〉

■ SDGsの達成期限である2030年を見通して，自分たちがどんな社会をつくっていくのかということを話し合い，参画者としての立場から自分のことを振り返ろうとしていた。

事例2 差別・いじめなど　～差別を許さない社会をつくろう～

課題設定〈課題をつくる力〉

■ 社会科で習った「人種差別」という言葉に関心をもち，差別が歴史的につくられたものであることから様々な差別において共通するものは何かを課題として考えることができた。

計画立案〈見通しをもつ力〉

■ 日常生活の中で見たり聞いたり，使ったりする言葉を手掛かりに，人権問題や人種差別の実態を探り，解決方法を見つけるための計画を立てることができた。

情報収集〈情報処理能力〉

■ 日本だけでなく外国にも目を向けて，実際に起こっている人権問題や人種差別について，インターネットを活用して調べ，自分たちの課題を解決するための参考にすることができた。

整理・分析〈意思決定する力〉

■ 誰もが陥りやすい心の弱さから偏見や差別が生まれ，差別意識へとつながっていくことの道筋を，仲間と話し合いながら明らかにすることができた。

まとめ・表現〈説得力〉

■ 偏見や差別に気付いたとき，どうすればよいのか，自分の中の差別意識として自分の考えをまとめ，発表し，みんなで考えるべき課題を明らかにすることができた。

主体的に学習に取り組む態度〈社会の一員としての自覚〉

■ 今まで当然のこととして見過ごしていた偏見や差別に対し，自分がとってきた行動に問題はないのかという姿勢で考え，行動しようとしていた。

教科等の発展

事例1 教科の発展　～行事の思い出を短歌や俳句で発表しよう～

課題設定〈課題をつくる力〉

■国語で学習した短歌と俳句の違いに興味をもち，「行事の思い出を短歌や俳句で発表しよう」という課題を設定することができた。

計画立案〈見通しをもつ力〉

■誰に，何のためにという相手意識と目的意識をもって短歌と俳句を創作するために，先人の短歌や俳句を調べてみようと考え，自分の活動計画を立てることができた。

情報収集〈情報収集能力〉

■行事の内容についてインターネットや図書資料を活用して調べ，事前に短歌や俳句にできそうなことを取材し，現地ではイメージマップを使って題材を集めることができた。

整理・分析〈多面的思考〉

■初めに書いたものを互いに観賞して，感想とアドバイスを伝え合い，自分の見方とは違うことがあることを知り，つくり直しながら自分が伝えたい内容になるように工夫することができた。

まとめ・表現〈表現力〉

■作成した短歌や俳句を基に，音声と映像で伝わるように録音と録画をしたり，自分の作品に解釈文を付け加えたりしてメッセージ性を高めることができた。

主体的に学習に取り組む態度〈知識を応用し総合する力〉

■短歌や俳句の素晴らしさを知り，有名な歌人や俳人の作品を進んで鑑賞し，他の学習にも生かしていた。特に社会科では見学の後に振り返りとして短歌や俳句をつくろうとしていた。

事例2 共生　～在来種を外来種から守ろう！～

課題設定〈問題解決能力〉

■レッドデータブックに掲載されている生き物の存在を知り，その原因の一つに外来種の拡大という事実があることを課題として受け止め，それらを解決することができた。

計画立案〈計画立案能力〉

■近くの川や池，山などの生き物について調べるために，専門家から話を聞くことと実際に調査をしていくことが必要だと感じ，それらをまとめて，守らなければいけない生き物は何かを考えていく計画を立てることができた。

情報収集〈情報選択能力〉

■クサガメや鯉など，在来種だと思っていたものが外来種であるなど，実際の生き物のデータを専門家に見てもらう必要があることを知り，それに基づいて守るべき生き物を確定することができた。

整理・分析〈分析的思考〉

■食物連鎖など，川や池，山などのそれぞれ固有の環境を守りながら取り組む必要があることを知り，自分たちの地域では蛍の保護が適切であると判断できた。

まとめ・表現〈実践力〉

■実際に蛍を保存するために，地域の保存会の人たちと一緒に自分たちができる実践を探り，それを学校の文化として位置付けることができた。

主体的に学習に取り組む態度〈持続する探究心〉

■蛍以外にも保護，保存すべき生き物がいて，それらの保護，保存を実現するために，地域の人たちや自分たちの後輩に活動の意味を伝えていくことが大切だと感じていた。

地域・学校

事例1 歴史　～文化遺産は何だろう～

課題設定〈課題をつくる力〉

■ 地図を基に，自分たちの身近にある文化遺産について知り，地域の歴史に興味をもち，「ふるさとの文化遺産調べ」という課題を設定することができた。

計画立案〈計画立案能力〉

■ 地域の歴史について調べるために，学校の近くにある文化遺産の古墳調査を基に，自分たちの活動計画を立て，実際に見学することができた。

情報収集〈情報処理能力〉

■ 見学先の文化遺産や郷土博物館について，インターネットや図書資料を活用し，進んで調べ，他の文化遺産や郷土博物館と比較し，その特徴を考えることができた。

整理・分析〈総合的な思考・判断〉

■ 地域の歴史について，石碑や建物などの文化遺産の意味をインタビューなどを通して調べ，先人の努力や願いを考えることができた。

まとめ・表現〈説得力〉

■ 文化遺産発表会では，資料や実物を使ったり，写真をスライドにして見せたりしながら，仲間と協力してふるさとの文化遺産を説明することができた。

主体的に学習に取り組む態度〈自己調整力〉

■ 地域の行事に参加しようとしたり，石碑や建物を調べて地図にまとめたりして，伝統ある文化遺産を守っていこうという願いをもつようになった。

事例2 愛校心・友達　～私の学校のキラリを伝えよう～

課題設定〈課題を見つける力〉

■ 自分の学校の周りには，他に自慢できる，キラリと輝く「ひと・もの・こと」があることを知り，それを他の学校や地域に発信していきたいという願いをもつことができた。

計画立案〈見通しをもつ力〉

■ 学校の自慢について調べるために，学校の近くにある文化遺産や郷土博物館，歴史上の人物などを基に，自分たちの活動計画を立て，実際に見学や調査をすることができた。

情報収集〈情報選択能力〉

■ 見学先の文化遺産や郷土博物館，歴史上の人物などについて，インターネットや図書資料を活用して進んで調べ，他と比較し，その特徴を考えることができた。

整理・分析〈コミュニケーション能力〉

■ 地域の歴史，文化，芸術などについて，石碑や建物などの文化遺産がもつ意味をインタビューなどを通して調べ，先人の努力や願いを考えることができた。

まとめ・表現〈発表力〉

■ 学校の発表会では，資料や実物を使ったり，写真をスライドや映像にして見せたりしながら友達と協力して，キラリと輝く理由を説明することができた。

主体的に学習に取り組む態度〈知識を応用し総合する力〉

■ キラリと輝く「ひと・もの・こと」を実際に見るために，地域の行事に参加しようとしたり，石碑や建物を調べて地図にまとめたりして，学校の文化を守っていこうという願いをもつようになった。

特別活動に関する事実及び所見

学級活動

(1) 学級や学校における生活づくりへの参画

話合い活動

■ お楽しみ会の計画での話合いでは，友達の意見をよく聞き，自分の意見を分かりやすく説明することができた。

■ 遊具での遊び方について，みんなが安全で楽しく遊ぶことができるよう，様々な工夫を提案し，積極的に話合いに参加することができた。

■ 話合いでは，友達の発表に反応しながら聞いたり，自分の考えを付け加えたりするなど，多面的に考える意欲的な姿を見ることができた。

■ 係分担の話合いのときは，楽しい学級生活のために学級に必要な係を見つけ，話合いに意欲的，積極的に参加していけるよう心掛けるとよい。

学級内の組織づくりや役割の自覚（係活動）

■ 自分のやるべきことを覚えて当番の仕事も手際よく行うことができるので，安心して任せることができた。

■ 仲よく助け合って係活動ができるよう，係の分担や仕事内容について，アイデアを出し，楽しく係活動ができるよう考えることができた。

■ 集会係の自覚をもって，クラスのみんなが楽しめる遊びを考えたり集会に向けて計画的に準備したりして，友達と協力してしっかり行うことができた。

■ 日直のときには，持ち物のことや時間割のことなどで，クラスのみんなに役に立つと思う情報を収集していた。より積極的に伝えていけるよう心掛けるとよい。

学校における多様な集団の生活の向上（集会活動）

■ 学習発表会での必要な背景や小道具などのものづくりでは，指示がなくても臨機応変に判断して工夫することができた。

■ 卒業式の歌の練習に自ら進んで取り組み，澄んだきれいな歌声で高音パートをリードして，自分の役割を果たすことができた。

■ 卒業に向けての奉仕係の中心となって活動を計画し，仕事の分担表の作成など自分たちで作成した計画に従って積極的に仕事を進めることができた。

■ 1年生との交流会係として率先してマイクを取り，会の進行を熱心に行っていた。事前の練習をがんばれば役割をよりよく果たすことができる。

(2) 日常の生活や学習への適応及び健康安全

基本的な生活習慣の形成

■ 調べたことを適切に文章にまとめながら自分の考えを述べるときにも，場の様子や目的にふさわしい言葉遣いで筋道を立てて話すことができた。

■ 節度をもった行動ができ，頼まれた仕事に気持ちよく取り組み，終わってからも他にすることがないか気を配っているので，友達からも信頼されている。

■ 友達のよさやがんばりを素直な気持ちで受け入れ，善行に対して温かい拍手を送ることのできる素敵な心をもって友達と接することができた。

■ 自分のできることを一つひとつ自分から見つけるよう取り組めば，行動する姿にも頼もしさが出てくる。

よりよい人間関係の形成

■「よいこと見つけをしよう」の学級会では，評価の在り方を提案し，帰りの会では，互いのよさを認め合うことができるように工夫することができた。
■けんかの後の仲直りの方法を具体的に提案し，学級の友達と仲よく生活することができるよう，進んで話合いに参加することができた。
■「よい言葉や悪い言葉」の話合いでは，みんなが仲よくできるような「ほかほか言葉」を多く見つけ，進んで意見を発表することができた。
■帰りの会では，互いのよさを認め合うことができるよう進んで話合いに参加できていた。学級の友達とさらに仲よく生活することができるよう接し方を考えるとよい。

心身ともに健康で安全な生活態度の形成

■歯科衛生士の話をよく聞き，自分で丁寧に歯磨きができるよう，何度も練習することができた。
■「健康な体づくり」の学習では，風邪をひかない丈夫な体をつくるためには，外で元気に遊ぶことが大切であることを理解し，意見を発表することができた。
■「私の大切な体」の学習では，日頃から気を付けていることを自らの経験を交えて発表するなど，意欲的に学習することができた。
■熱中症にならないよう学級の友達にも呼びかけ，水分補給の大切さを力説していたので，帽子を被って外に出るなど，みんなの手本になれるよう努めてほしい。

食育の観点を踏まえた学校給食と望ましい食習慣の形成

■「何でも食べよう」の学習では，健康な体をつくるためには，好き嫌いをしないで何でも食べることが大切だということを友達に詳しく説明することができた。
■「マナーを守って楽しく給食を食べる」の学習では，積極的に発言し，学級での取り組みを表にまとめることができた。
■「3つの栄養」の学習では，給食の献立を３つのグループに分ける活動を意欲的に行い，好き嫌いなく食べる大切さを理解することができた。
■歯科衛生士から学んだことをよく理解し行動に移すことができていたが，ついつい友達にも強く言いすぎることもあったので，友達の気持ちも考えるよう気を付けることが大切である。

(3) キャリア形成と自己実現

希望や目標をもって生きる

■学級での係活動や委員会活動に「みんなのための学校」という希望や目標をもち，その実現に向けて日常生活をよりよくしようと努力することができた。
■学級での活動や委員会活動で「みんなが楽しい学校」という目標をもち，日常生活での不安や悩みの解決に向けよりよい意思決定をすることができた。
■学級目標の実現を目指し，自己のよさを生かしながら将来への見通しをもち，これからの学習への取り組み方や生活の仕方などを考えることができた。
■「みんなが楽しい学級」になるように自分の経験や意見を生かそうと主体的に関わっていたが，学級での話合いをよりよく進める気配りも大切である。

当番活動

■学級や学校のために友達と力を合わせて働くことの意義を理解し，工夫しながら自分の役割を果たすことができた。

■友達との違いを認め合いながら，力を合わせて働くことの大切さや自分のよさを生かすことについて考えることができた。
■係活動，学校内外でのボランティア活動など，学級，学校や地域のために一生懸命に働く活動について考えることができた。
■朝や帰りの時間，当番活動を行っている時間などから働くことの大切さやその意義は十分に分かっていたが，さらに地域との連携・協働についても視野を広げてほしい。

学校図書館の活用

■みんなの図書館を気持ちよく使うための約束を進んで考えるとともに，学級のみんなに働きかけることができた。
■図書館の利用について話し合ったとき，係として約束を提案し，意欲的に発言することができた。
■図書館司書の先生にインタビューし，図書館のよさについてまとめたことを学級会で発表し，貸し出し冊数の増加に貢献することができた。
■図書館係として約束を提案し，図書館のよさについて意欲的に発言できた。さらに，次に使う人が気持ちよく使える配慮が大切であると，学級のみんなに働きかけてほしい。

児童会活動

(1) ①児童会集会活動

■学級会では友達の発言をよく聞き，学級の誰にでも優しく声をかけ，「学級をよりよくするためにはどうしたらよいか」を真剣に考えることができた。
■常に学級全体のことを考え，学級のまとめ役として行動しつつ，グループでの活動でも友達の意見を聞き仕事に取り組む協調的な態度ができていた。
■学年スポーツ集会の実行委員として，ミニサッカーで学年みんなが仲よくなるためのルールを考え，学年集会で提案することができた。
■児童会主催の宝探しゲームで係として指示を出し，友達へも呼びかけて共に行動することができたが，こだわるところもあり周囲の意見が聞けなくなったので気を付けるとよい。

(1) ②代表委員会活動

■2学期の代表委員として，運動会のスローガンを決める代表委員会に参加し，学級でまとめた意見を具体的に発表することができた。
■1年生との交流会係として楽しい遊びを企画し，自分からマイクを取り，会をスムーズに進める姿に責任感の強さと頼もしい推進力を見ることができた。
■書記として推薦され，役員としての自分の責任を果たそうとやり遂げ，大きな自信につなげることができた。
■代表委員会主催のドッジボール大会では，前もって段取りを考えて準備を進め，友達へも呼びかけて共に行動することができたが，自分のやり方にこだわるところもあり，周囲の声を聞けないときがあった。

(1) ③委員会活動

■保健委員会を担当し，校内の石けんの補充，各教室での清潔調べなど，みんなの健康と安全を支える仕事を率先して行うことができた。
■美化委員会の委員長に推薦され，ポスターを作成してリサイクルの大切さを全校に呼びかけるなど，責任をもって仕事に取り組むことができた。
■放送委員として，校内放送で全校を楽しませる放送を企画し，状況を把握して仕事を委員全員に割り振るなどの姿に，責任感の強さが表れていた。

■ 運動委員会主催の駆け足大会の活動を企画し，仕事の分担表をつくったり放送で全校に知らせたりと，先の見通しをもって自主的に仕事を進めていた。友達の意見を尊重することも大切にできるとよい。

(2) 異年齢集団による交流

■ 異学年ペアで行う「ふるさと祭り」では，地域の方々とも仲よく楽しく交流し，意欲的に参加することができた。
■ 「ふるさと祭り」では，ペア学年の友達と協力して，仲よく活動することができた。
■ 音楽交流会では，ペア学年の合唱の素晴らしさを見つけ，意欲的に意見を発表することができた。
■ 地域の方々とも仲よく楽しく交流した「ふるさと祭り」では，異学年ペアで行動する予定であったが，ややもすると自分だけの楽しみが先行してしまいがちになっていたのが残念だった。

(3) 学校行事への協力

■ 運動会の児童会種目「大玉転がし」の練習では，高学年のリーダーとして提案し，リーダーの役割を果たして取り組むことができた。
■ 宝物発表会に向けて，1年間の歩みをクイズにして楽しく表現できるよう工夫することができた。
■ 運動会を自分たちの手でつくりあげるために話し合った学級活動では，高学年として分担した放送係の活動計画を見直すなど，意欲的に参加することができた。
■ 「声と動きをそろえよう」と提案し実践した運動会の児童会種目で，力を合わせることの大切さを全校に示し努力していた。周囲の声を聞いて進めることができるとよりよい。

クラブ活動

(1) クラブの組織づくりとクラブ活動の計画や運営

■ クラブ活動を充実させるための問題に気付き，活動の計画や組織，果たすべき役割などについて考え，話合いに協力して取り組むことができた。
■ クラブ活動を展開するために年間や学期，月ごとに活動計画を立て，役割を分担し協力して運営に当たることができた。
■ 所属するクラブの目標の実現に向け，クラブとしての意見を異学年を交えてまとめたり，計画を立案したりしてその運営に当たることができた。
■ クラブ活動の計画や運営の話合いでの中心になり，違いを認め合い，集団として意見をまとめていたが，異年齢の児童と協力し合うことの難しさに直面したため思うように進まなかった。

(2) クラブを楽しむ活動

■ 創意工夫を生かした活動や自分の果たすべき役割などについて考え，学級や学年が異なる児童と共によりよい人間関係を形成することができた。
■ 興味・関心をより深く追求していく喜びや計画したことが実現できた満足感，異年齢児童と協力して役割や責任を果たす喜びなどを実感することができた。
■ 異なる学年の児童と協力し，他のクラブや地域の人々との交流を図るなど，一層クラブを楽しむことができた。
■ 具体的な目標をもって活動を振り返り，より充実したクラブ活動に向けて課題に取り組んだが，異年齢の児童と協力し合うことの難しさに直面し解決策を見つけられなかった。

(3) クラブの成果の発表

■ 活動の成果について，クラブ全員の発意・発想を生かし，協力して，全校の児童や地域の人々に活動内容の紹介や作品の発表をすることができた。

■ クラブ発表会などで活動の成果を，発意・発想を生かした発表の仕方や役割などを考え，協力して全校の児童や地域の人々に発表することができた。

■ クラブの一員としてのやりがいや異なる学年の児童と協力して活動できた喜び，次の活動に向けためあてを全校の児童や地域の人々に発表することができた。

■ 活動内容の紹介や作品の発表をクラブ全員の発意・発想を生かし，協力して発表しようと努力したが，活動の成果について全校の児童や地域の人々に伝えきれていなかったのは残念だった。

学校行事

(1) 儀式的行事

■ 開校100周年の記念行事の際には，昔の勉強の様子を再現する劇に取り組んだり，地域のお年寄りに取材したりするなど，意欲的な態度が見られた。

■ 3学期の始業式では，最高学年として学年共通の取り組みである「一人一ボランティア活動」について，思いを込めて堂々と発表することができた。

■ 卒業生とのお別れの会で，学年代表の一人として，卒業生に対する感謝の気持ちを作文に書き，発表することができた。

■ 学期の終わりに係で努力したことを作文に書き，全校児童の前で堂々と発表することができた。次の学期までは続かなかったので，学年での成果として表すことができるとよい。

(2) 文化的行事

■ 音楽鑑賞会で，○○楽団のオーケストラを聴いたとき，会場でのマナーを守り，私語をしている友達にも声をかけ，静かに聴くことができた。

■ 学習発表会では，社会科の学習で取材したことをまとめ，見やすく壁新聞にして発表することができた。

■ 学習発表会で，総合的な学習の時間に調べた地域の民話・民謡について，分かりやすく発表することができた。

■ 音楽鑑賞会で，会場でのマナーを守ろうと私語をしている友達に呼びかけた態度は素晴らしかったが，時間がたつにつれその気持ちが薄れてきたのは残念だった。

(3) 健康安全・体育的行事

■ 運動会では，他の学年の競技を見ているときも進んで前へ出て，応援団と共に振り付けを入れて精いっぱい応援することができた。

■ 避難訓練のときには，安全で早く避難するための約束を理解し，私語をしている友達に小声で注意しながら安全に避難することができた。

■ 運動会の団体種目では，力を合わせるために，互いに声をかけ合うことを提案し，練習に励むことができた。

■ 運動会の団体競技「学級対抗リレー」でもっと活躍するために，体育の学習で身に付けたバトンパスの練習に意欲的に取り組むとよい。

(4) 遠足・集団宿泊的行事

■ 秋の校外学習で見学した歴史博物館では，他の見学者の迷惑にならないようにマナーを守り，メモをしながら熱心に見学することができた。

■ 遠足の目的地である○○公園まで歩き通すことをめあての一つに挙げ，疲れた友達にも励ましの声をかけながら最後まで歩き終えることができた。

■ 修学旅行の実行委員として遊びの本を調べたり，友達に取材したりして，楽しい思い出が残るように，車中のレクリエーションを計画することができた。

■ 宿泊行事では，キャンプファイヤーの係となり，セレモニーやゲームの立案・進行の仕事を責任もって果たそうと努めていた。最後までがんばれるように心掛けてほしい。

(5) 勤労生産・奉仕的行事

■ お年寄りとの交流会ではどんな出し物をするとよいか，友達と一緒に近所のお年寄りに相談して計画を立てるなど，相手方の要望を取り入れようと努力することができた。

■ 老人ホームを訪問の際には，交流したお年寄りに，心を込めてつくった草花のしおりを手渡しするなど，思いやりのある行動をとることができた。

■ 通学路の清掃活動では，どの辺りにごみや草が多いかあらかじめ調べ，地区の子ども会の中で仕事を分担するなど，見通しをもって活動をすることができた。

■ 収穫祭では，お世話になった地域の方々に心を込めた感謝の言葉を発表した。より大きな声を出して発表できるとよい。

行動に関する所見

趣旨　**基本的な生活習慣**　▶ **自他の安全に努め，礼儀正しく行動し，節度を守り節制に心掛ける。**

安全

■ 1年生とのペア活動では1年生を優しくリードし，休み時間の過ごし方や遊具の使い方など，仲よく安全に過ごすためのルールを丁寧に説明することができた。

■ 登校班のみんなの安全に気を配って通学し，班長として交通ルールを守ることや危険な場所で遊びをしないように呼びかけることができた。

■ 廊下を走らないことや校舎内での遊び方など，学校のルールをよく守り，安全を心掛けて過ごすことができた。低学年にも優しく注意することができた。

■ 毎日，登校班で班のみんなと仲よく元気に登校することができた。交通ルールや気を付ける場所など，知っていることを，下級生に伝えてほしい。

時間厳守・時間の活用

■ 授業や掃除などの開始時間をきちんと守り，休み時間と気持ちを切り替えて取り組むなど，けじめのある行動ができた。

■ 授業中，時間の見通しをもちながら，集中して，こつこつと丁寧に学習に取り組むことができた。家庭学習の課題にも計画的に取り組むことができた。

■ 活動計画などを時間の見通しをもって立てることができた。決められた時間の中で計画的に取り組み，最後までしっかりとやり遂げていた。

■ 好奇心旺盛で，いったん取り組み始めると素晴らしい集中力を発揮していた。時間を守って提出物や授業準備なども行い，もっている力をさらに伸ばしていけるとよい。

物を大切に，整理・整頓

■ 机の中は，いつも自分が使いやすいようにきれいに整理・整頓されており，物をなくしたりすることなく，学習の準備も早くできていた。

■ 図画工作や家庭科の後などには手際よく片付け，後の人が使いやすいように元の場所にきちんと戻すだけでなく，使える材料を整理してまとめたりと，物を大切にすることもできた。

■ 体育委員として，一輪車などの遊具の貸し出しをしたときは，長く使えるように，次に使いやすいようにと考えて遊具を丁寧に扱って片付けることができた。

■ 理科の実験など「やってみたい」と意欲的にどんどん取り組んでいた。次に使いやすいように片付けなどにも力を注いでいってほしい。

あいさつ・身だしなみ

■ 時と場を考えた言葉遣いやあいさつができた。修学旅行先での宿の方へのお礼の言葉も，内容を考え，何度も練習をして心を込めて伝えることができた。

■ 誰に対しても自分から進んであいさつをすることができた。お客様にすてきなあいさつができ，低学年の手本になっていた。

■ 始業式や終業式に代表として全校児童の前に出るときなどには，身だしなみを整え，心構えをして向かうなど場を考えた行動ができた。

■ いろいろな人とすぐに仲よくなることができる素晴らしい力をもっている。場や状況を考えた言葉遣いなども取り入れて，どんどん輪を広げていってほしい。

規則正しい生活

■ 生活リズムを見直し，学習時間や就寝時間を決め，それを守るように努めることができた。規則正しいきまりのある生活を心掛けることができた。

■ 保健の学習で生活リズムの大切さについて学び，自分の生活を見直す中で，就寝時間や学習時間の課題に気付くことができた。
■「早寝　早起き　朝ご飯」という標語を聞いて，「自分はしっかりとできている」とみんなの前で自信をもって言うことができた。1年間，無欠席で元気に過ごすことができた。
■ 授業中，ひらめきや発想が豊かで，たくさん意見を発表していた。家庭学習も習慣付けて合わせて行うことで，力を伸ばしていってほしい。

礼儀正しさ・言葉遣い

■ 目上の人に対して敬語を使って話そうとしたり，丁寧な言葉遣いをしようとしたりと心を配っていくことができた。礼儀正しく接することを大切にできた。
■ 授業中に発表するときだけでなく，日常から，時や場所に応じた丁寧な言葉遣いができた。
■ 友達や先生，お客様に対して，時と場に応じたあいさつや丁寧な言葉遣いで，礼儀を大切にして接することができた。
■ ゲストティーチャーに進んで質問をしたり，インタビューをしたりして，すぐに親しくなることができた。言葉遣いなどにも気を付けて，相手を大切に思うことを形にすることも心掛けてほしい。

趣旨　健康・体力の向上　▶ 心身の健康の保持増進と体力の向上に努め，元気に生活をする。

運動への取り組み

■ 学習に集中して取り組み，休み時間には「運動場に出て遊ぼう」といろいろな学年の人に声をかけ，元気いっぱい体を動かして遊ぶことができた。
■ 休み時間は，いろいろな学年の友達と一緒に元気に遊んでいた。低学年が一緒のときには，ルールの変更を提案するなど，みんなが楽しめる工夫をすることができた。
■ マラソン大会の前には，友達と一緒に登校前にジョギングをしたり，休み時間にタイムを計ったりして，目標タイムの達成に向け，努力を重ねることができた。
■ 休み時間は，得意なサッカーをして友達と元気に遊んでいた。苦手だなと思う運動にも，挑戦していってほしい。

食事

■ 好き嫌いせず，食事のマナーを守り，楽しく食べることができた。食べ物を粗末にしないこと，感謝の気持ちをもつことを大切にすることができた。
■ 自分の健康を考え，好き嫌いせず，いろいろな味付けも楽しみながら，いつも残さず，しっかりと食べることができた。手洗いや歯磨きなども進んで行うことができた。
■ 家庭科の学習でバランスのとれた食事の大切さを学んでから，嫌いだった野菜も意識して少しずつ食べようと努力していた。
■ 栄養教諭からバランスよく食べることの大切さを学び，自分の食生活を振り返り，考えることができた。考えたことを実践に移していってほしい。

健康管理

■ うがいや手洗い，給食後の歯磨きなどを励行したり，風邪が流行するとマスクをつけて予防したりするなど，進んで自分の健康に気を配ることができた。
■ 保健委員として睡眠，栄養，運動などバランスのとれた生活の大切さをみんなにしっかりと伝え，自分も生活を見つめ直すことができた。
■ 本を読むときには教室の明るさに気を付けたり，清潔なハンカチを持つようにしたりと，自分で健康や衛生に気を配ることができた。

■休み時間は，運動場でたくさん体を動かして遊ぶことができた。運動をするときには，衣服の調節や汗を拭くなど，自分でできる体調管理に進んで取り組んでほしい。

遅刻・早退・欠席

■起床する時間を決めて，朝学習や朝食をしっかりととる時間をつくるなど，規則正しい生活を心掛け，欠席や遅刻もなく，毎日元気に登校することができた。
■風邪が流行すると，うがいや手洗い，睡眠時間の確保などに進んで取り組み，自分で体調管理ができた。6年間，休まず登校することができた。
■6年間，暑い日も寒い日もくじけず長い道のりを欠席も遅刻もなく登校し，たくましく成長できた。
■授業中は，新しく学ぶことに興味をもって意欲的に取り組むことができた。自分で生活時間の過ごし方を見直して，登校時間に毎日登校できるように試みてほしい。

趣旨　自主・自律　▶夢や希望をもってより高い目標を立て，当面の課題に根気強く取り組み，努力する。

自主的な行動

■毎月の目標を立てて，自主学習に取り組むことができた。こつこつとよく努力し，もっている力を伸ばすことができた。
■学級会では，お楽しみ会に向けて様々なアイデアを出し，計画や準備など，自主的にどんどん仕事を進めることができた。
■マラソン大会の前には，朝に自主的に練習を始め，学級のみんなにも呼びかけていた。大会まで，毎日練習を重ね，本番も力走することができた。
■苦手だと思うようなことにも丁寧に取り組み，努力していた。目標を高くもって，より力を伸ばしていってほしい。

向上心・目的

■学級会では，卒業に向けて，いろいろな企画やアイデアを考え提案していた。みんなと心に残る思い出をつくりたいと，準備や話合いを進めていくことができた。
■体育で，鉄棒や縄跳びを始めると，より難度の高い技を習得しようと，休み時間も自主練習に取り組むことができた。
■難しい課題にも，試行錯誤しながら解けるまで粘り強く取り組むなど，目標を高くもち，何事にも向上心をもって取り組むことができた。
■新しく学習することに，興味をもって取り組んでいた。時間のかかることに，こつこつと取り組むことも大切にしてほしい。

決断力

■困っている友達がいると，誰に対しても，手伝ったり声をかけたりしていた。人のために自分にできることを考えて行動に移すことができた。
■学級の話合いでは，誰の意見かや賛同人数の多い少ないにかかわらず，よいと思った自分の考えをみんなに伝えていくことができた。
■休み時間に，運動場で低学年がもめているのに気付くと，自分の遊びをやめて話を聞き，仲直りを促していた。何を大切にするべきか，自分で判断して行動することができた。
■今，何をすべきか考え，自分を律して行動することができた。クラスのみんなにも，よいと思うことは声をかけたり，考えを伝えたりしていってほしい。

趣旨　責任感　▶ 自分の役割と責任を自覚し，信頼される行動をする。

責任の自覚・指導性

■ 登校班の班長になり，交通ルールを守るように声をかけたり，下の学年の子どもたちの様子に気を配ったりしてみんなが安全に登校できるように努めることができた。

■ 児童会役員として，朝早くから募金活動をしたり，全校朝会の準備や司会をしたりするなど，任されたことに誠実に取り組むことができた。

■ 宿泊学習の班長を引き受け，みんなに声をかけ，予定を確認しながら行動するなど，みんなをしっかりとリードし，責任をもって取り組むことができた。

■ 興味をもつと，いろいろなことにやってみようという気持ちで取り組んでいた。当番などの任されたことには丁寧に取り組んでいるので，その力を生かしてほしい。

役割の遂行

■ 放送委員として，放送当番を欠かすことなく務めることができた。アナウンスの前には，メモをつくり練習し，誠実に取り組むことができた。

■ 遊び係として，みんなで楽しく遊ぶことができるように朝早くから準備し，クラスのみんなに声をかけて誘うなど責任をもって取り組むことができた。

■ 低学年とのペア活動では，低学年の話を聞き，困っていることを手伝いながら，優しくリードしていくことができた。

■ いろいろなことに興味をもって，やりたいと立候補するなど，何事にも意欲的である。準備や練習などにも丁寧に取り組むことも大切にしながら，力を発揮していってほしい。

趣旨　創意工夫　▶ 進んで新しい考えや方法を求め，工夫して生活をよりよくしようとする。

工夫・アイデア

■ 運動会では，応援団として，みんなが元気に楽しく応援できるように応援歌や応援グッズに工夫を凝らしながら取り組むことができた。

■ 学級会では，発想豊かにみんなが楽しめる遊びやイベントを考え，提案するなど，みんなのためにいろいろなアイデアを出すことができた。

■ クラブ活動では，練習方法やゲームのルールを提案して，どの学年も楽しく活動できるように考え，工夫することができた。

■ 係の仕事に，しっかりと誠実に取り組むことができた。しっかりと取り組んでいるからこそ気付いたことや，やってみたいことを伝えていくことも大切にしてほしい。

好奇心・探究心

■ 課題に対して一つの方法だけでなくいくつもの解決方法を考え，実践するなど，よりよい方法を求めて，試行錯誤することができた。

■ 探究心旺盛で，6年間，夏の自由工作では動くおもちゃをつくり続け，追求することができた。6年生では，感心するばかりの見事な作品をつくり上げることができた。

■ 探究心旺盛で，社会見学に行くと，係の方に質問をして，たくさんのメモをとるだけでなく，学校や家でも資料を集め調べるなど，どんどん学習を広げることができた。

■ 何事にも，こつこつと努力を重ねることができた。興味をもったことに，自分から積極的に働きかけることも大切にして，もっている力を発揮していってほしい。

実践に生かす態度

■ 学級での話合いでは，自分の考えを理解してもらうために提示できる資料や具体物を用意するなど，工夫して行うことができた。
■ 卒業前に，学校を清掃しようと企画し，計画を立て道具を集めるなど，みんなに呼びかけながら進めていくことができた。
■ テストやプリントなどは，必ずやり直しをしてファイルにとじて整理したり，間違えた原因を考えて似た問題を繰り返し練習したりするなど，工夫して学習に取り組むことができた。
■ いろいろなアイデアを学級の話合いで提案していくことができた。みんなの考えも取り入れながら，アイデアを形にして，みんなを楽しませてほしい。

趣旨 思いやり・協力

▶ **思いやりと感謝の心をもち，異なる意見や立場を尊重し，力を合わせて集団生活の向上に努める。**

相手の立場を尊重する

■ 友達の失敗を責めるのでなく，「大丈夫」と声をかけたり手助けをして，一緒に取り組んでいこうと，困っている友達に寄り添うことができた。
■ 友達の考えのよさを大切にすることができた。話合いのときにも，自分の意見と異なっても，友達の意見のよさを受け止め，自分の考えを練っていくことができた。
■ 委員会のときには，いろいろな学年の人に声をかけ，一人ひとりの意見を聞いていくなど，みんなの考えを大切にしながら，進めていくことができた。
■ 委員会のときなど，主体的にどんどん仕事に取り組むことができていた。下級生の様子を見て，サポートをしながら，取り組むことも大切にしていってほしい。

人への親切

■ 鉄棒ができなくて，一人で練習していた友達に気付き，休み時間に練習に付き合い，コツを教えていた。優しい心で友達に寄り添うことができた。
■ 来校者が，校長室が分からなくて困っていると，進んで声をかけ案内するなど，誰に対しても進んで親切な行動をすることができた。
■ 帰りの荷物が多くて困っている低学年がいると，荷物を整理したり持ってあげるなど，優しい心で進んで親切にすることができた。
■ 困っている友達がいると，いつもそっと知らせてくれるような，優しい心の持ち主である。自分からも友達に声をかけて，相手に優しい心を届けてほしい。

助け合い・協力

■ 委員会や係の仕事に一生懸命説明を聞き，積極的に参加していた。友達のがんばりを支え，みんなで楽しもう，協力していこうという気持ちで取り組むことができた。
■ 委員会の仕事など，欠席の人の分も進んで引き受けるなど，みんなが助け合って気持ちよく仕事を進めることを大切に考え，行動することができた。
■ 困っている人がいると，そっと手伝うなど，自分にできることを見つけて，誰に対しても進んで協力していくことができた。
■ 主体的に課題や仕事をどんどん進めていくことができた。周りの人の考えを自分に生かしたり，友達を手伝ったりしながら，力を発揮していってほしい。

感謝の気持ち

■ 家族の方や地域の方への感謝を伝える会を計画し，手紙を書いたり，準備を進めたりして，心のこもった会を行うことができた。
■ お世話になった方に，心を込めてお礼の手紙を書くなど，相手の心遣いをしっかりと受け止めて，進んで感謝の気持ちを伝えることができた。
■ これまでたくさんの方が自分の成長を支えてくれたことに気付き，改めて感謝の気持ちをもつことができた。
■ たくさんの人が自分に関わり，支えてくれていることに気付いていた。感謝の気持ちを伝えていくことも，大切にしてほしい。

趣旨 **生命尊重・自然愛護** ▶ **自他の生命を大切にし，自然を愛護する。**

自他の生命尊重

■ 登校班会議では，気を付けてほしいことや危険だと思う場所を教えるなど，命を守るために大切なことを伝えることができた。
■ 自分の成長を振り返る中で，自分や友達は，たくさんの人に支えられてきたことを実感し，改めて自分や友達の命の大切さを考えることができた。
■ 避難訓練のときには，問題意識をもって事前学習に取り組んだ。本番の訓練では，みんなに声をかけ，適切な行動を促すことができた。
■ 休み時間は，いろいろな学年と仲よく遊んでいた。節度をもって安全に遊ぶことができるよう，低学年にも声をかけていってほしい。

自分の存在価値

■ 自分の成長を振り返る中で，多くの人が関わり支えてくれていることを実感し，改めて自分自身が大切な存在であることに心を向けることができた。
■ 児童会のイベントでは，ペアの低学年から頼られる存在であった。一緒に活動する中で，自分の成長も実感することができた。
■ 1年間を振り返り，できることがたくさん増え，体の成長だけでなく，心も大きく成長している自分に気付くことができた。
■ 友達のがんばりや成長に気付くことができる温かな心の持ち主である。自信をもって自分自身の小さな成長も大切に受け止めていってほしい。

動植物への愛情

■ 報道で飼育放棄されたペットがたくさんいることを知り，調べる中で保護施設への募金活動を提案した。生き物の命を大切に考え行動することができた。
■ 学級で飼育しているメダカや栽培している草花などの世話を，毎日欠かさず行っていた。生き物の命を大切にし慈しむことができた。
■ 栽培委員として，学校の植物の世話にしっかりと取り組んでいた。草花の小さな成長にも気付くなど，生き物の命を温かいまなざしで捉えることができた。
■ 学級で飼っているメダカの卵を見つけ，成長を喜び，命の素晴らしさを語ってくれていた。成長を支えるために世話をすることも，経験してほしい。

自然環境保護

■ 総合的な学習の時間に，環境問題について意欲的に調べまとめていく中で，自分にできることを考え，地域の清掃活動などに進んで参加することができた。
■ 社会科で環境問題について学び，今の自分にできることは何かを考えた。ごみの減量化や分別など身近なことから取り組み，みんなにも呼びかけて広げていくことができた。

■ 家庭科の調理実習では，環境保護のためにできることを考え，洗剤の使い方やごみの捨て方など学んだことを実践し，普段の生活にも生かすことができた。
■ 校外学習や宿泊学習では，自然の美しさに感激し，その素晴らしさをたくさん語っていた。自然を守るためには多くの人々がかかわっていることを，これから学んでいってほしい。

趣旨 **勤労・奉仕** ▶ **働くことの意義を理解し，人や社会の役に立つことを考え，進んで仕事や奉仕活動をする。**

積極的な行動

■ 朝の時間に，友達と1年生の教室へ行って，荷物の整理や準備を進んで手伝っていた。1年生のみんなから頼りにされていた。
■ 委員会の仕事などが残っているのに気付くと，休み時間などにそっと仕事を進めておくなど，全体のことを考えて進んで行動することができた。
■ 児童会役員として，児童会で取り組んでいる「あいさつ運動」をみんなが意識できるようにと，啓発ポスターをつくるなど，意欲的に取り組むことができた。
■ 当番や委員会の仕事など，声をかけられると意欲的に取り組んでいた。任されたことを意識して自分から取り組み，力を発揮していってほしい。

手伝い

■ 地域のイベントなどにスタッフとして参加し，いろいろな地域の方と交流しながら，イベントの成功を支えることができた。
■ 任されたことに責任をもって取り組むだけでなく，教室の整頓など気付いたことを進んで，みんなのために行うことができた。
■ 自分の仕事が終わると，終わっていない仕事を手伝うなど，自分のことだけでなく，学級全体を見て，みんなのために進んで行動することができた。
■ 何事にも計画的に取り組み早く終えることができていた。早くできる分，もっている力を誰かのために使って，生かしていってほしい。

当番・係の遂行

■ クラブのリーダーとして，みんなが楽しく参加できるように計画を立てたり準備をしたりするなど，活動をしっかりと支えることができた。
■ 栽培委員会では，毎日の世話をするだけでなく，全校生に校庭の草花を知ってもらおうと提案し，写真を撮ったり，図鑑で調べたりして熱心に取り組むことができた。
■ 遊び係として，みんなが楽しめる企画を提案し，準備を進めるだけでなく，遊んだ後の片付けにも気を配るなど，任されたことに誠実に責任をもって取り組むことができた。
■ 日直として，みんなをリードしがんばる姿が見られた。クラブや委員会でもみんなをリードできる力を生かしていってほしい。

グループ・集団学習

■ 低学年と一緒に活動するときは，低学年も安心して楽しむことができるように，活動のサポートをするなど，進んで関わることができた。
■ 低学年と一緒に活動するときには，相手のことを気遣って，できる仕事を予め準備するなど，みんなで楽しく学習できるように進んで力を発揮することができた。
■ 班活動では，みんなの意見が反映されるようにと，それぞれの考えを丁寧に聞いて話合いを進めるなど，班のみんなのことを考えながら取り組むことができた。
■ みんなの中に，自分の考えをしっかりと伝えていくことができた。友達の考えを聞きながら，よりよい考えをつくっていくことも経験し，力を伸ばしてほしい。

ボランティア活動

- ■ 地域の空き缶集めのボランティアに協力し，ポスターなどをつくるなど意欲的に取り組むことができた。届けた相手の喜ぶ姿を見て，自分も喜びを感じ，ボランティアの意義を実感していた。
- ■ 廊下にごみが落ちているのに気付くと拾ったり，図書室の本箱の乱れを整えたりするなど，みんなのためになることを進んで行うことができた。
- ■ 児童会役員として，全校朝会で呼びかけ，登校時間には正門で意欲的に募金活動に取り組むことができた。
- ■ 総合的な学習の時間の中で様々なボランティア活動について調べ，その意義を知ることができた。身近にできる小さなことにも目を向け，どんどん実践につなげていってほしい。

趣旨　公正・公平　▶ だれに対しても差別をすることや偏見をもつことなく，正義を大切にし，公正・公平に行動する。

公正な判断

- ■ 話合いでは，相手の意見を素直に聞き，相手の気持ちや意見を相手の立場に立って捉え，自分を見つめ，公平な判断ができるように考えることができた。
- ■ 学級会では，自分の利害にとらわれず，いろいろな意見を聞く中で，じっくりと考え，自分がよいと納得できたことや正しいと思う考えに賛同することができた。
- ■ ゲームの審判になったときには，ルールを確認し，公正な審判ができるように努め，みんなが楽しくゲームをできるようにしていた。
- ■ 学級会で，自分の考えをしっかりともち，みんなに伝えていた。いろいろな意見のよさにも目を向けて，よりよい意見を生み出すことにも挑戦してほしい。

公正・公平な行動

- ■ 誰に対しても優しい心で接することができた。声をかけて手伝い，分け隔てなく接し，温かな関係を築いていくことができた。
- ■ 偏見や先入観にとらわれず，自分が正しいと思ったことは，周りに左右されずにはっきりと考えを伝えていくことができた。
- ■ 班での話合いでは，自分のことだけを考えたり，決まった人が有利になったりするようなことなく，一人ひとりの考えを大切にしながら進めていくことができた。
- ■ 学級の話合いでは，意見をじっくりと聞き，いろいろな立場に立って考えることができていた。しっかり考えたことを，自信をもってみんなに伝えていってほしい。

正義感

- ■ よく考えて自分が正しいと思ったことは，誰に対しても，その理由も説明しながらしっかりと伝えていくことができた。
- ■ 友達同士のもめごとがあると，仲裁に入ったり事情を聞いたりして，仲直りを促すことができた。「いけないことはいけない」とはっきりと伝えることもできた。
- ■ よくないと思ったことには毅然とした態度で臨み，誰に対しても正しいと思うことを勇気をもって伝えていくことができた。
- ■ 学級の様子をよく捉えて，困っている友達に気付き，知らせてくれた。自分からも，勇気を出して働きかけ，友達の力になっていってほしい。

趣旨 **公共心・公徳心** ▶ **規則を尊重し，公徳を大切にするとともに，我が国や郷土の伝統と文化を大切にし，学校や人々の役に立つことを進んで行う。**

きまり・規則の遵守

■ 学級で話し合って決めたきまりの意義を理解し，みんなにも声をかけながら進んで守っていこうとする姿が見られた。
■ 高学年として低学年に優しく注意をするなど，きまりの意味を理解し，自分が守るだけでなく，みんながきまりを守ることができるように働きかけることができた。
■ 児童会の会議の中で，運動場の使い方などのきまりを見直し，みんながより楽しく安全に過ごせるように考えていた。新しいきまりを率先して守り，みんなにも呼びかけることもできた。
■ 学校のきまりを理解し，進んで守ることができていた。高学年として，他の学年にも守るように声をかけるなど，きまりを守ることの大切さを伝えていってほしい。

公共物の利用

■ 美化委員として，次に使う人のために，1年間使った教室をきれいにすることを提案し，壁や床，机，いすなども，きれいにする計画を立て，実行することができた。
■ 遠足や社会見学で公共の場所を利用したときには，周りの人のことや次に使う人のことを考えて行動することができた。
■ 学校から貸し出された道具など，みんなが使う物を大切に扱っていた。後片付けも丁寧に行うなど，次に使う人のことも考え行動することができた。
■ 興味をもったことに，意欲的に取り組んでいた。周りの様子や場所などにも配慮しながら取り組んでいくことも意識してほしい。

集団秩序

■ クラブ活動では，自分や同学年のことだけを考えるのではなく，他の学年の力量に配慮しながらルールをつくるなど，みんなが楽しめるように活動計画を立てて取り組むことができた。
■ 高学年として，児童会で決めた学校生活のルールを進んで守るなど，みんながよりよい学校生活を過ごすことができるように，意識して行動することができた。
■ みんなが気持ちよく過ごせるようにと自分たちで学級のきまりを考え，よりよい学級にするために進んで守ることができた。
■ 学級のルールを考えたときには，じっくりと考え，たくさんの提案をすることができた。自分たちで決めたことを大切にできるよう，働きかけていってほしい。

文化・伝統への思い

■ 地域に伝わる祭りに興味をもち，その由来や起源について，自分で意欲的に調べていた。地域の方にインタビューする中で，その思いを受け，祭りの準備にも携わっていた。
■ 地域の史跡の見学では，係の人に質問したり，さらに自分で調べたりしていた。地域の歴史に興味をもち，自分で他の史跡にも見学に行き，知識を深めていた。
■ ALTと英語でコミュニケーションをとろうと積極的に話しかけていた。話す中で，他の国の言語や文化に興味をもち，調べてみたい，行ってみたいと意欲をもつことができた。
■ 歴史の大きな出来事だけでなく，自分たちの周りにも，昔から大切に受け継がれてきているものがあることに目を向け，地域の伝統のよさを見つけていってほしい。

行動に関する全般的な特徴など

性格と行動

■明るく活発で，学級をいつも楽しい雰囲気にしていた。休み時間は，たくさんの友達と元気いっぱいに遊んでいた。
■時間がかかるようなことにも，試行錯誤しながら丁寧に取り組み，より高い目標に向かって努力を重ねていくことができた。
■よいと思ったことは，すぐに行動に移すなど実行力がある。みんなに声をかけながら計画を進めていくなど，リーダーシップも発揮していた。
■話合いではみんなの考えをしっかりと聞き，学級の仕事などはみんなのために進んで引き受けていた。自分の考えや意見に自信をもって，みんなに伝えていってほしい。

信頼度

■低学年との活動では，優しくリードし，サポートしていた。低学年から頼られ，とても慕われていた。
■学級で企画したイベントなどを，行動力と実行力でみんなをリードし，実現させていくことができた。みんなからの信頼も厚く頼られる存在である。
■いつもみんなのために学級の仕事を進んで引き受けたり，誰に対しても分け隔てなく，優しく接したりしていた。みんなから慕われ，信頼も厚い存在である。
■低学年との交流では，自分にできることを考え，優しくリードし，低学年からとても慕われていた。学級でも自信をもって，優しさあふれる考えを伝えていってほしい。

不登校

■4月は登校しにくい日もあったが，先生や友達に少しずつ不安なことを話すことができるようになり，教室で過ごす時間も増え，笑顔が見られるようになった。
■担任や相談室の先生と相談しながら1週間の計画を立てて，相談室で学習を進めることができた。毎日，担任に1日の出来事を詳しく報告することもできた。
■1学期は苦手なことがあると登校しにくい日があったが，友達から聞いた苦手な時間の過ごし方のアイデアを実行してみることで，登校できる日を増やしていくことができた。
■相談員の方から学校の様子を聞きながら，家庭学習を重ねていくことができた。他にもいろいろな学習方法があることを知って，自分に合うものを利用してみてほしい。

児童の特徴・特技，学校内外に関する諸事項等

特　徴

個性

・誰に対しても明るく積極的に話しかけることができ，仲間からの信頼が厚い。学年集会などの司会ではその場を盛り上げるように進行することができた。
・知的好奇心が強く，疑問に思ったことは自分が納得するまで調べたり聞いたりして，解決することができた。
・責任感が強く，任された仕事は最後までやり抜くことができ，仲間からの信頼も厚い。

趣味

・パソコンが好きで，プログラムを自分で構成しゲームをつくったり，自分のホームページを開設したりしている。調べ学習においても積極的にパソコンを活用し，情報を得ようとしていた。
・動物が好きで特に猫に関心が高く，休日に地域の野良猫の保護活動に友達と参加していた。
・裁縫が好きで，家庭科クラブに所属し指編みをしたりミサンガをつくったりして，つくり方の講習会を開催した。

特　技

一般

・料理が得意で，火を使わないオリジナルエコ料理を考えて，学級集会で発表したり，夏休みの自由研究で節約レシピを多数作成したりして，その力を発揮することができた。
・けん玉が得意で，低学年との昔遊び大会においては様々な技を披露した。また，学年集会ではけん玉講習会を開き，多くの友達にけん玉の魅力を発信することができた。
・４歳から書道を習い，文字を書くことが好きである。墨で文字と絵をかいた葉書きを作品コーナーに飾り，教室の雰囲気を引き立てることができた。

スポーツ

・地域のバレーボールチームに所属し，週３回の練習に欠かさず参加している。試合でもレギュラーメンバーとして活躍した。
・就学前から剣道教室に通っており，剣道のみならず礼儀作法も身に付いている。熱心に練習に取り組み，技術も向上し自信を付けた。
・地域のチアリーディングクラブに所属し熱心に練習を重ね技術が向上している。毎年チアリーディング大会に参加し，力強い演技を披露した。

芸術

・パソコン操作が得意で，コンピューターグラフィック教室に通い技術を習得している。学級集会においてその技を披露して友達から大きな拍手をもらい，自信を付けることができた。
・和太鼓クラブに所属し熱心に練習を重ねている。地域の催しや演奏会に参加して心に響く演奏を披露した。
・４歳からピアノを習い，毎年開催される発表会に向けて日々練習している。校内の合唱大会の際には伴奏を担当した。

学校内外の奉仕活動

ボランティア活動

- 月1回の油回収のボランティアに毎回参加し，ステッカーを配布したり名簿に記載したりして，地域の資源回収活動に積極的に取り組んだ。
- 子ども会に所属し，資源回収や赤い羽根共同募金活動などに積極的に参加した。
- 地域の川清掃に毎回参加し，ごみを拾ったり草を刈ったりして意欲的に活動し，川の環境を守るために努力した。

人との交流（高齢者・障がい者）

- 自立支援施設を訪問し，一緒に作業をし散歩したりして，自分にできることを考え行動に移すことができた。
- 総合的な学習の時間に訪問した高齢者デイサービスセンターを定期的に訪問し，家庭科でつくったブックカバーをプレゼントしたり，肩たたきをしたりして交流を深めることができた。
- 聴覚障がいの仲間に対し，ゆっくりと話しかけたり，大きな口を開けて話をしたりして，互いに気持ちよく生活できるよう心掛けることができた。

表彰を受けた行為や活動

表彰

- 地域の公園や溝の掃除などを仲間と共に毎週土日に行い，地域美化に努めた。地域をよくするための活動を熱心に行ったことで，市内で表彰された。
- 「消防」の標語に応募し，入選した。その標語は，広報活動に採用され地域に広く紹介された。
- マラソンが好きで，毎朝兄と走り体を鍛えている。校内マラソン大会では日頃の練習の成果が発揮され，3位に入賞した。

感謝状

- 認知症を患っている高齢者が帰宅できず困っているところに声をかけ，地域の大人に伝えるとともに，不安にならないよう声をかけ続けた。この行動により，後日感謝状が贈られた。
- 踏切の遮断棒が折れていることに気付き，付近の大人に伝えたことにより，惨事を免れた。この行為に対して，警察署と鉄道会社から感謝状が贈られた。
- 川でおぼれかけている幼児を見つけ，近くを通りかかった人と共に救助活動をした。その行為に対し，警察署より感謝状が贈られた。

優勝・入賞

- 税務署主催の納税に関する書写展に応募し，優秀賞を受賞した。
- 食育コンテストにおいて，野菜嫌いの幼児も食べられるレシピを考案し応募した。食材の組み合わせと盛り付けが評価され，2位に入賞した。
- 歯科医師会主催の歯磨きポスターコンクールに応募し，優秀賞を受賞した。

知能や学力等について標準化された検査の結果

知能検査

- 令和○年○月○日　○○式知能検査を実施。SS○○。空間，推理の領域が優れている。
- 令和○年○月○日　○○式知能検査を実施。知能偏差値○○。思考力や記憶力に優れている。

学力検査

- 令和○年○月○日　○○式標準学力検査を実施。正答率国語○○％，算数○○％。読解力が優れている。
- 令和○年○月○日　○○式観点別学力検査で４教科（国語・算数・理科・社会）実施。国語の表現の能力，理科の科学的な思考に優れている。

行動・性格検査

- 令和○年○月○日　○○式○○検査を実施。社会性が豊かで，社会適応面に優れている。
- 令和○年○月○日　○○式○○検査を実施。公正・公平な態度で正義感が強い。

道徳性検査

- 令和○年○月○日　○○道徳性検査を実施。責任感が強く，何事も最後までやり抜こうとする強い心をもっている。
- 令和○年○月○日　○○道徳性検査を実施。自分のことよりも周りの人のことを大切にする思いやりの心をもっている。

スポーツテスト

- 令和○年○月○日　体力テストを実施。反復横跳びの記録が高く，敏捷（びんしょう）性に優れている。
- 令和○年○月○日　スポーツテストを実施。持久力に優れている。

その他指導上参考となる諸事項

通級

- 友達とのコミュニケーションを図る上で不安があると，本人と保護者から申し出があり，通級して指導を受けた。
- 保護者の仕事の都合により，アメリカでの生活が長かったため，国語力を補うために週２時間通級し，読み書きを中心とした学習を行った。
- 国語・算数の学力の定着を図るために，通級で本人に合わせた学習指導を受けた。

言語学級

- 聴力障がいがあり，発音が不明瞭な場面が見られた。発音指導を重点として，毎週月曜日の午後，言語学級に通い指導を受けた。
- サ行，ハ行を明瞭に発音できないため，週１時間言語学級に通級し，発音を中心に指導を受けた。
- 吃音（きつおん）などの発音障がいのため，自信をもって発音できるよう週１時間言語学級に通級したところ，教室でも意欲的に発言するようになった。

留学・帰国子女

- 令和○年○月，イタリアより帰国し２学期より編入学。イタリアに５年間在住。イタリアでは現地学校に通っており，日本語での簡単なあいさつはできる。得意のサッカーで友達ともすぐに打ち解けることができた。
- 令和○年○月，マレーシアから編入学。マレーシアでは日本人学校に通っており，日本語に不自由はない。社交的で自分から友達に声をかけ，積極的にコミュニケーションを図ることができた。
- 令和○年○月，ブラジルより帰国し３学期より編入学。日本語はあいさつ程度は理解できるが読み書きが不十分で，指導に配慮が必要である。

外国籍

- 令和○年○月，カナダより来日し１学期途中より編入学。日本語の話す聞くに課題がみられたが，ジェスチャーで仲間と積極的に交流し，少しずつ話せるようになった。日本語の個別指導も行った。

・令和○年○月，家族でアメリカより来日し編入学。母親が日本人のため日本語での教育がなされており，日常会話に不自由はなく，友達ともすぐに打ち解けることができた。
・令和○年○月，両親が離婚し母親と共に韓国から来日，２学期より編入学。日本語が全く話せず声をかけられても笑顔が見られなかった。しかし，地域の方が韓国料理教室を開いた際，進んでアシスタントを行い，それを機に少しずつ笑顔が見られるようになった。

宗教

・○○教を信仰している。口にできない食べ物があるため，給食献立表を保護者にチェックしてもらうとともに，給食時間も配慮を行った。
・○○教を信仰している。信仰のため，お守りを日々身に付けている。日曜日には，家族で教会へ礼拝に出かけている。
・○○教を信仰している。お祈りのために決められた時間があるため，諸活動の折には配慮した。

その他（氏名変更・通学など）

・令和○年○月，養子縁組みにより改姓。
・膝の手術により人工関節が入っているため，長距離歩行が困難である。通学には保護者の車による送迎が行われた。
・保護者の申し出により改姓（令和○年○月，両親が離婚のため，母親の籍に入籍）。その後は落ち着いた生活を送ることができた。

児童の成長の状況にかかわる総合的な所見

交友関係の進歩

■ 当初は友達に誘われて外へ遊びに出て行っていたが，ドッジボールで活躍したことをきっかけに，自分から友達を誘って遊びに出て行くことができるようになった。

■ 当初は休み時間に特定の友達といることが多かったが，「みんな遊び」などの学級活動を経験するうちに，いろいろな友達と休み時間を過ごす場面を増やすことができた。

■ よりよい人間関係を築いていこうと，友達のよさを進んで認め，先入観なく接することで仲間を増やすことができた。

■ 学級の活動では，いろいろな仲間と協力して活動を進めることができた。次学期（年度）は，休み時間などでも，いろいろな仲間と楽しく過ごす姿を期待している。

学習姿勢の成長（自ら学ぶ姿勢の進歩）

■ 当初は友達の発表に耳を傾けることが少なかったが，周りの友達が自分の話に耳を傾けてくれる姿を見て，発表者の方を見て落ち着いて話を聞く機会を増やすことができた。

■ みんなの前で発表することが苦手だったが，友達に自分の意見のよいところを認めてもらったことがきっかけで，自信をもって発表することができた。

■ 板書の内容をノートに書き写すことが乱雑だったが，丁寧な字で見やすくまとめられている友達のノートを見て，自分から丁寧さを意識してノートに書き写すことができた。

■ みんなの前で，自分の意見を発表する場面が増えてきた。次学期（年度）は，声の大きさや目線など，さらに聞き手を意識した発表をする姿を期待している。

集団への適応

■ 班活動では自分の思いが伝わらず，活動に参加できない場面があったが，仲のよい友達に声をかけてもらいながら，他の仲間の意見を素直に聞く場面を増やすことができた。

■ 自分のことよりも先に，仲間や学級の活動を優先して取り組み，常に相手の立場に立って行動したり意見を言ったりする場面を増やすことができた。

■ 当初は学級や学年での活動に消極的だったが，周りの友達に声をかけてもらいながら，前向きに活動に参加する機会を増やすことができた。

■ 自分のやるべきことは果たそうとする場面が増えてきた。次学期（年度）は，さらに周りの友達のペースも意識する場面が増えていくことを期待している。

協調性の発達

■ 気が合わない友達だとすぐに言い争いをすることがあったが，本人に自分の姿を振り返らせる指導を重ねた結果，徐々に相手の言い分も聞くことができるようになってきた。

■ 自己主張を貫いて周りの友達とトラブルになることが多かったが，徐々に自分の至らなさに気付き，落ち着いて相手に接することができるようになってきた。

■「自分ができていればそれでよい」という態度を取ることがあったが，友達から温かく関わってもらううちに，困っている友達を助けることができるようになった。

■ 自分に非がある場合は，相手に謝ることができている。次学期（年度）は，さらに，次にどのような行動をとるべきかを相手に提案できる姿を期待している。

リーダー性の成長

■ 友達の推薦があっても集団を引っ張ることに消極的だったが，任された仕事を確実にやり切ることを周囲から認められたことで，少しずつ仲間より率先してできるようになった。

■ 自らの立候補ではなく，学級の仲間からの推薦で選ばれた班長であったが，次第に自覚をもち，進んで仕事ができるようになったことから，みんなの信頼を得ることができるようになった。

■ 当初は，友達の協力で何とか学級での話合いの進行を行っていたが，慣れていくうちに，徐々に自分で「～はどうですか」などと提案しながら進行していけるようになった。
■ 係活動などでは，自分に与えられた仕事は責任をもって果たすことができている。次学期（年度）は，さらに，周りの友達に声をかけながら率先して活動を進めていく姿を期待している。

学び方の改善（学習意欲）

■ 当初は宿題をやり遂げてくることが少なかったが，保護者の了解のもと，放課後に学習することを続けたところ学ぶ楽しさを覚え，家庭で宿題をやり遂げることができるようになった。
■ 一人で学ぶことが苦手だったが，班の友達や教師の励ましを受けながら，少しずつ諦めずに自力で学習に取り組むことができるようになった。
■ ノートをまとめることが苦手だったが，簡潔にまとめられている友達のノートを見て，「めあて→分かったこと→まとめ」の順番に，見やすくまとめることができるようになった。
■ 友達や教師の声がけを受けながら，学習課題に取り組もうとすることができている。次学期（年度）は，自ら率先して，学習課題に取り組む姿を期待している。

小学校児童指導要録の記入方法と注意事項

記入上の全般的注意

① 原則として，和暦・常用漢字及び現代かなづかいを用いること。ただし，固有名詞はそのまま記入する。数字は算用数字を用いる。
② 学校名及び所在地，校長・学級担任者氏名はゴム印でもよい。
印は明瞭なものを用い，スタンプインクは20年間の保存可能なもの。インクは黒色または青色。
③ 児童及び保護者の現住所，校長・学級担任者氏名等，変更または併記する必要が生ずる欄には，あらかじめ欄の上部に記入する。
④ 記入事項を消除または変更する場合は，訂正事項を2本線を引いて消し，前記の記載事項も読み取れるようにしておく。また，変更した事項の記入年月日を付記することが望ましい。この場合は，いわゆる訂正印を押す必要はない。
⑤ 誤記の訂正の場合は，訂正事項を2本線を引いて消し，訂正箇所に訂正者の認印を押す。認印は小さいほうがよい。
前記の記載事項を白いマーカー等で消し，その上から訂正事項を書くことは，公文書であり不可である。

小学校児童指導要録（参考様式）

様式1（学籍に関する記録）

区分＼学年	1	2	3	4	5	6
学　級	2	2	3	3	1	1
整理番号	27	26	26	26	28	28

【編入学等】
第1学年の中途または第2学年以上の学年に，在外教育施設や外国の学校等から編入学した場合，または就学義務の猶予・免除の事由の消滅により就学義務が発生した場合について，その年月日，学年及び事由等を記入。
「第1学年入学」の文字を2本線で消除。

・原則として学齢簿の記載に基づき記入。
ふりがなは家庭調査票で確認。

学籍の記録

児童	ふりがな	やま　もと　ゆ　い
児童	氏名	山本結衣（性別：女）
児童	生年月日	平成 25 年 7 月 27 日生
児童	現住所	東京都杉並区上井草2丁目〇番〇号 ・変更に備えて上部に記入。
保護者	ふりがな	やま　もと　ひろし
保護者	氏名	山本　宏 ・児童に対して親権を行う者を，親権を行う者のいないときは後見人を記入。
保護者	現住所	児童の欄に同じ ・児童の現住所と同一の場合には「児童の欄に同じ」と略記。
入学前の経歴		平成29年4月から令和2年3月31日まで 〇〇幼稚園在園 ・小学校に入学するまでの教育または保育関係の略歴を記入する。 ・外国において受けた教育の実情などもこの欄に記入する。

入学・編入学等	令和 2 年 1 月 1 日　第 1 学年 入学 ~~第　学年編入学~~ 【入学】…児童が第1学年に入学した年月日を記入。 「第　学年編入学」の文字を2本線で消除。
転入学	令和 3 年 8 月 26 日　第 2 学年転入学 ・日本にある他の小学校（特別支援学校小学部を含む）から転校してきた場合についてのみ記入。 ・転入学年月日，転入学年，前に在学していた学校名，所在地及び転入学の事由等を記入。
転学・退学等	（令和 4 年 7 月 20 日）← 転学のため学校を去った日 4 年 7 月 27 日 ← 転学先の学校が受け入れた日の前日 ・「入学・編入学等」及び「転入学」の欄に記入された日以後における異動について記入。 ・転入先の学校名，所在地，転入学年及びその事由等を記入。
卒業	令和 8 年 3 月 31 日 ・校長が卒業を認定した年月日を記入。
進学先	八王子市立〇〇中学校 東京都八王子市〇〇町2丁目〇番〇号

学校名及び所在地（分校名・所在地等）	東京都杉並区立〇〇小学校 東京都杉並区〇〇1丁目〇番〇号 ・学校名及び所在地を記入。分校の場合には，分校名・所在地及び在学した学年等を併せて記入。

年度	令和 2 年度	令和 3 年度	令和 4 年度
区分＼学年	1	2	3
校長氏名印	小川　太郎 ㊞	小川　太郎（4月～10月） 伊藤　優子 ㊞（11月～3月）	伊藤　優子 ㊞
学級担任者氏名印	林　真由美 ㊞（4月～6月，10月～3月） 木下　敦子（7月～9月）	林　真由美 ㊞	鶴田　武志 ㊞

年度	令和 5 年度	令和 6 年度	令和 7 年度
区分＼学年	4	5	6
校長氏名印	伊藤　優子 ㊞	森岡　康彦 ㊞	森岡　康彦 ㊞
学級担任者氏名印			

・同一年度内に校長または学級担任者が代わった場合や臨時的任用の教員が学級担任となった場合には，その都度後任者の氏名を併記し，氏名のそばに担当した期間を記入。
・学年末または児童の転学・退学等の際は，その時点で記入について責任を有する校長及び学級担任者が押印する。
・氏名の記入及び押印について，電子署名（電子署名及び認証業務に関する法律第2条第1項に定義する「電子署名」をいう。）を行うことで替えることも可能である。

様式2（指導に関する記録）

児　童　氏　名	学　校　名	区分＼学年	1	2	3	4	5	6
山本　結衣	東京都杉並区立○○小学校	学　級	2	2	3	3	1	1
		整理番号	27	26	26	26	28	28

各教科の学習の記録

教科	観点＼学年	1	2	3	4	5	6
国語	知識・技能	B	B	A	A	A	A
	思考・判断・表現	B	B	A	B	B	A
	主体的に学習に取り組む態度	B	B	B	B	A	A
	評定			2	2	2	3
社会	知識・技能			B	B	A	A
	思考・判断・表現			B	B	B	B
	主体的に学習に取り組む態度			B	B	B	A
	評定			2	2	2	2
算数	知識・技能	B	B	A	A	A	A
	思考・判断・表現	B	B	B	A	A	A
		B	B	B	B	A	A
				2	2	3	3
				B	A	B	A
				B	B	B	B
				B	A	A	B
				2	2	2	2
生活	知識・技能	A	A				
	思考・判断・表現	B	B				
	主体的に学習に取り組む態度	A	A				
	評定						
音楽	知識・技能	B	B	B	B	A	A
	思考・判断・表現	C	B	B	B	B	B
	主体的に学習に取り組む態度	B	B	A	A	B	B
	評定			2	2	2	2
図画工作	知識・技能	B	B	B	B	A	B
	思考・判断・表現	C	C	B	B	B	B
	主体的に学習に取り組む態度	C	B	B	A	B	B
	評定			2	2	2	2
						A	A
						B	A
						A	A
						2	3
			A	A	A	A	A
			B	B	A	A	A
			A	A	A	A	A
	評定			2	3	3	3
外国語	知識・技能					B	A
	思考・判断・表現					B	A
	主体的に学習に取り組む態度					A	A
	評定					2	3

観点別学習状況

小学校学習指導要領に示す各教科の目標に照らして，その実現状況を観点ごとに評価し，A･B･Cで記入する。

「十分満足できる」状況と判断されるものをA，「おおむね満足できる」状況と判断されるものをB，「努力を要する」状況と判断されるものをCのように区別して評価を記入する。

評　定

第3学年以上の各教科の学習状況について，小学校学習指導要領等に示す各教科の目標に照らして，その実現状況を総括的に評価し，3段階で記入する。

各教科の評定は，「十分満足できる」状況と判断されるものを3，「おおむね満足できる」状況と判断されるものを2，「努力を要する」状況と判断されるものを1のように区別して評価を記入する。

特別の教科　道徳

学年	学習状況及び道徳性に係る成長の様子
1	
2	
3	道徳科の学習では，主体的に自分の問題として話し合うことができ，自分と友達の考え方や感じ方の違いに気付き，自分の価値観を広げたり深めたりしていた。
4	思ったことを実際に行動に移すことの難しさについて，いつも自分の体験と重ねて考え，それを克服しようと努力することの大切さについて発表していた。
5	
6	

特別の教科　道徳

道徳科の評価については，学習活動における児童の学習状況や道徳性に係る成長の様子を個人内評価として文章で端的に記述する。

外国語活動の記録

学年	知識・技能	思考・判断・表現	主体的に学習に取り組む態度
3	ALTの先生と英語で話をすることを楽しみに毎時間活動した。今では，英語で身振り手振りも入れながら自然に会話できるようになった。		
4	英語活動で習った構文を使って，簡単な自己紹介をした。また，友達の自己紹介も楽しみながら聞き，内容もよく理解していた。		

外国語活動の記録

評価の観点を記入した上で，それらの観点に照らして，児童の学習状況に顕著な事項がある場合にその特徴を記入する等，児童にどのような力が身に付いたかを文章で端的に記述する。

総合的な学習の時間の記録

学年	学　習　活　動	観　　点	評　　価
3			
4			
5	環境調査隊	課題設定能力 情報収集能力	身の回りの出来事から温暖化をテーマに調べる計画を立て，たくさんの情報を集めることができた。
6	戦争のない世界をめざして	自己の生き方	広島への修学旅行に向けて戦争について調べ，戦争のない世の中にするためには一人一人がしっかりと考えることが大切だと考えた。

総合的な学習の時間の記録

この時間に行った学習活動及び各学校が自ら定めた評価の観点を記入した上で，それらの観点のうち，児童の学習状況に顕著な事項がある場合などにその特徴を記入する等，児童にどのような力が身に付いたかを文章で端的に記述する。

特別活動の記録

内　容	観　点＼学　年	1	2	3	4	5	6
学級活動	集団活動や生活・人間関係への自主的・実践的態度	○	○		○	○	
							○
						○	○

特別活動の記録

各学校が自ら定めた特別活動全体に係る評価の観点を記入した上で，各活動・学校行事ごとに，評価の観点に照らして十分満足できる活動の状況にあると判断される場合に，○印を記入する。

児童氏名
山本　結衣

行動の記録

項目＼学年	1	2	3	4	5	6	項目
基本的な生活習慣			○	○	○	○	思いやり・協力
健康・体力の向上							生命尊重・自然愛
自主・自律							勤労・奉仕
責任感					○	○	公正・公平
創意工夫							公共心・公徳心

> **行動の記録**
>
> 各教科，道徳科，外国語活動，総合的な学習の時間，特別活動やその他学校生活全体にわたって認められる児童の行動について，各項目ごとに，その趣旨に照らして十分満足できる状況にあると判断される場合に，○印を記入する。また，各学校において，自らの教育目標に沿って項目を追加して記入する。
>
> 所見は，児童の成長の状況を総合的にとらえるため，「総合所見及び指導上参考となる諸事項」の欄に具体的に記入する。

総合所見及び指導上参考となる諸事項

第1学年

- どの学習にもまじめに取り組み大きな成果をあげた。
- 歯科衛生士から歯磨きや歯の健康のことについて学んだ。その後は，給食後に必ず歯磨きをしていた。
- 朝，登校すると自分から大きな声で「おはようございます」と言って教室に入ってきていた。いつも教室を明るくしてくれていた。
- 発音が不明瞭なところがあり，週1時間，通級教室で発音のトレーニングを受けた。
- 友達とのトラブルがよくあったが，一度大きなけんかをしてからは，相手の気持ちを考えて行動する姿が見られるようになった。

第4学年

- 授業中しっかりと考え，意見を発表していた。
- みんなの遊び係として，アンケートを取るなどして，少しでもたくさんの友達が参加できるよう工夫して取り組んでいた。
- 病気などで休んだ友達への連絡の手紙を自分から進んで書いてくれた。
- 子供会のドッジボール大会で，毎日休み時間に練習し，市の大会で優勝した。
- 家庭学習が定着せず，宿題忘れが目立ったが，毎日，10分間だけ宿題をして帰るようになってからは，自分からやることが増えてきた。

> **総合所見及び指導上参考となる諸事項**
>
> 児童の成長の状況を総合的にとらえるため，以下の事項等を文章で箇条書き等により端的に記述する。
>
> ① 各教科や外国語活動，総合的な学習の時間に関する所見
> ② 特別活動に関する事実及び所見
> ③ 行動に関する所見
> ④ 児童の特徴・特技，学校内外におけるボランティア活動など社会奉仕体験活動，表彰を受けた行為や活動，学力について標準化された検査の結果等指導上参考となる諸事項
> ⑤ 児童の成長の状況にかかわる総合的な所見
>
> 記入に際しては，児童の優れている点や長所，進歩の状況などを取り上げることに留意する。ただし，児童の努力を要する点などについても，その後の指導において特に配慮を要するものがあれば端的に記入する。
>
> また，学級・学年など集団の中での相対的な位置付けに関する情報も，必要に応じ，記入する。
>
> さらに，障がいがある児童や日本語の習得に困難のある児童のうち，通級による指導を受けている児童については，通級による指導を受けた学校名，通級による指導の授業時数，指導期間，指導の内容や結果等を記入する。通級による指導の対象となっていない児童で，教育上特別な支援を必要とする場合については，必要に応じ，効果があったと考えられる指導方法や配慮事項を記入する。

第3学年

- 算数が得意で，計算も早く，理解できない友達にも優しく教えていた。
- 学級活動ではいつも学級のことを考え，提案したり意見を言ったりしていた。
- 学級で話し合って決めた学級のルールは守ろうと，学級のみんなに声をかけていた。
- 黒板を上手に写すことができなかったが，通級教室でビジョントレーニングを受け，スムーズに書けるようになった。
- 友達から誘われれば一緒に遊んでいたが，ドッジボールで認められたことをきっかけに，自分から声をかけるようになった。

第6学年

- どの教科の学習でもしっかりと考え，自分の意見をもって臨んでいた。
- 児童会の役員として笑顔いっぱいの学校にしようと「あいさつ運動」を呼びかけ，朝，校門であいさつ運動を続けた。
- 登校しにくい日もあったが，1週間の計画を立て，自分のペースで登校し，学習にも取り組むことができた。
- アイデアメニューコンテストに応募し，市内の給食のメニューとして採用された。
- 低学年のころから地域のバスケットボールクラブに通い，練習を重ね市内の大会で優勝した。

出欠の記録

学年＼区分	授業日数	出席停止・忌引等の日数	出席しなければならない日数	欠席日数	出席日数	備考
1	202	3	199	2	197	忌引 3（祖父死亡のため）　欠席 2（風邪のため）
2	202	4	198	0	198	学級休業 4（インフルエンザのため）
3	203	0	203	2	201	欠席 2（腹痛のため）
4	203	5	198	1	197	出席停止 5（麻疹のため）　欠席 1（発熱のため）
5	202	0	0	0	202	

> **出欠の記録**
>
> - 授業日数……児童の属する学年について，授業を実施した年間の総日数を記入。授業日数は，原則として同一学年のすべての児童につき同日数であること。
> - 出席停止・忌引等の日数……児童が出席停止を命じられた日数，忌引日数，校長が出席しなくてもよいと認めた日数等を合算して記入。
> - 出席しなければならない日数……「授業日数」から「出席停止・忌引等の日数」を差し引いた日数を記入。
> - 欠席日数……「出席しなければならない日数」のうち，病気またはその他の事故で児童が欠席した日数を記入。
> - 出席日数……「出席しなければならない日数」から「欠席日数」を差し引いた日数を記入。
>   ※学校の教育活動の一環として児童が運動や文化などにかかわる行事等に参加したものと校長が認める場合には，指導要録の出欠の記録においては出席扱いとすることができる。
> - 備　考……「出席停止・忌引等の日数」に関する特記事項，欠席理由の主なもの，遅刻，早退等の状況その他の出欠に関する特記事項を記入。

監修者紹介

桃山学院教育大学 学長、学校法人聖ウルスラ学院 理事長、日本人間教育学会 会長

梶田 叡一《かじた えいいち》

1941年松江市に生まれ、米子市で育つ。京都大学文学部哲学科（心理学専攻）卒業。
文学博士。国立教育研究所主任研究官、大阪大学教授、京都大学教授、京都ノートルダム女子大学学長、
兵庫教育大学学長、環太平洋大学学長、奈良学園大学学長などを経て、現職。
これまでに、中央教育審議会副会長（教育養成部会長、教育課程部会長など）、大阪府私学審議会会長などを歴任。
著書に『教師力の再興―使命感と指導力を』（文溪堂）、『和魂ルネッサンス』『内面性の人間教育を』（ERP）、
『人間教育のために』『〈いのち〉の教育のために』（金子書房）、『不干斎ハビアンの思想』（創元社）、
『教育評価』（有斐閣）など多数。

編著者紹介

桃山学院教育大学 客員教授

古川　治《ふるかわ　おさむ》

1948年、大阪府豊中市生まれ。大阪府箕面市教育センター所長、箕面市立豊川南小学校校長、箕面市立止々呂美中学校校長、
甲南大学教授を経て、現職。中央教育審議会専門委員を務める。専門はカリキュラム・評価論、教師教育学、教育経営学。
単著に、『自己評価活動が学校を変える』（明治図書）、『ブルームと梶田理論に学ぶ』（ミネルヴァ書房）、
『21世紀のカリキュラムと教師教育の研究』（ERP）。
編著・共著に『学びと育ちの評価―通知表全国調査―』（日本教育新聞社）、『教職に関する基礎知識』（八千代出版）、
『教職をめざす人のための教育課程論』（北大路書房）、『学校と保護者の関係づくりをめざすクレーム問題』（教育出版）など。
現在、日本人間教育学会顧問、日本教師学学会監事、いのちの教育実践研究会理事長など。

大阪府箕面市立東小学校 校長

南山 晃生《みなみやま　てるお》

1960年、豊中市生まれ。箕面市立小学校教諭、大阪教育大学附属池田小学校教諭、箕面市教育委員会指導主事、
箕面市教育センター所長、箕面市立とどろみの森学園校長、箕面市立豊川南小学校校長を経て、現職。
『通知表の全国調査研究リポート』（日本教育新聞社）、
『「生きる力を育てる自己評価活動」―自己評価全国調査研究報告』（箕面市教育センター）、
『授業改革に生かす〈絶対評価〉課題と工夫―小学校・中学校「全国聞き取り調査」』（小学館総合教育技術2003年7月）、
『実践教育評価事典』（第2部第3章 社会科の授業づくりと評価の実際）（文溪堂）などの執筆に携わる。

著者紹介・教育評価研究会（執筆順）

今宮 信吾　桃山学院教育大学 准教授
盛田 恭平　大阪府大阪市立三軒家西小学校 指導教諭
長野 純子　大阪府吹田市立千里第三小学校 教諭
松井 典夫　奈良学園大学 人間教育学部 教授
栫井 大輔　桃山学院教育大学 講師
五十川昌宏　桃山学院教育大学 教職アドバイザー
龍神 美和　大阪府豊能町立東ときわ台小学校 教諭
西江なお子　奈良学園大学 人間教育学部 専任講師
瀧本 哲弘　兵庫県明石市立中崎小学校 教諭

編 集 協 力：双双編集
デザイン・DTP：双双編集
表紙デザイン：スタジオ1043

2019年改訂 新小学校児童指導要録　記入文例集

2020年2月　第1刷発行
2020年3月　第2刷発行

監　修　者　梶田叡一
編　著　者　古川 治・南山晃生
　　　　　　教育評価研究会
企画・編集　**ぶんけい教育研究所**
発　行　者　水谷泰三
発　行　所　株式会社**文溪堂**
東京本社／東京都文京区大塚3-16-12　〒112-8635
TEL (03) 5976-1311 (代)
岐阜本社／岐阜県羽島市江吉良町江中7-1　〒501-6297
TEL (058) 398-1111 (代)
大阪支社／大阪府東大阪市今米2-7-24　〒578-0903
TEL (072) 966-2111 (代)
ぶんけいホームページ　http://www.bunkei.co.jp/

印刷・製本　図書印刷株式会社

ISBN978-4-7999-0358-2 NDC375 160p 297×210mm
落丁本・乱丁本はお取り替えします。定価は表紙に表示してあります。